LE DÉVELOPPEMENT DU LANGAGE ÉCRIT ET SA PATHOLOGIE

DICTIONNAIRE DE LOGOPÉDIE

III

LE DÉVELOPPEMENT DU LANGAGE ÉCRIT ET SA PATHOLOGIE

CLAIRE CAMPOLINI - VÉRONIQUE VAN HÖVELL - ANDRÉE VANSTEELANDT

LOUVAIN-LA-NEUVE
2000

© 2000 - Peeters, Bondgenotenlaan 153, B-3000 Leuven.
ISBN 2-87723-495-9 (Peeters FRANCE)
ISBN 90-429-0862-9 (Peeters LEUVEN)
D. 2000/0602/67

Remerciements

Cet ouvrage ne verrait pas le jour si le projet initial n'avait pas été applaudi et soutenu par un réseau d'appuis et de compétences.

Merci à:

- **Monsieur Jean-Pol FRERE**
  Secrétaire Général de l'Enseignement Supérieur Catholique, d'avoir accordé au Département Logopédie de l'Institut Libre Marie Haps des chercheurs sous contrat A.C.S.

- **Monsieur Bernard DEVLAMMINCK**
  Directeur de l'Institut Libre Marie Haps, d'appuyer sans relâche le projet et de lui trouver les moyens nécessaires à sa réalisation.

- **Madame Mireille CLERBAUX**
  Professeur à l'Institut Libre Marie Haps d'avoir éclairé par ses connaissances et sa compétence clinique les domaines du développement normal du langage écrit et de sa pathologie.

- **Monsieur Michel SERON**
  d'avoir apporté son aide précieuse pour la correction des épreuves de ce fascicule du dictionnaire de logopédie.

- **Monsieur Daniel MAES**
  Professeur à l'Institut Libre Marie Haps pour sa participation à ce travail.

- **L'équipe des professeurs de Pratique Professionnelle de l'Institut Libre Marie Haps.**

- **Mesdemoiselles Dominique Cattelain, Sandrine Dromelet, Thérèse Engels, Caroline Gabriël's, Delphine Henrard, Arlette Roland et Anne Willaime.**
  Anciennes étudiantes en logopédie qui ont consacré leur mémoire de fin d'études à l'élaboration du dictionnaire de logopédie.

Plan général

Préface

Ce troisième volet du «Dictionnaire de logopédie» envisage des domaines qui ont toujours fait partie des préoccupations des logopèdes: la lecture et l'écriture. Très souvent considérées exclusivement comme des apprentissages scolaires, ces activités s'inscrivent pourtant dans un processus d'évolution langagière. Les difficultés qui peuvent entraver leur développement sont souvent une manifestation de problématiques plus fondamentales qu'il est important de bien cerner avant toute action rééducative.

Pour souligner l'orientation linguistique de notre réflexion, nous adoptons le terme de «langage écrit» qui désigne l'ensemble des activités par lesquelles l'être humain peut entrer en communication avec ses semblables par le biais de traces graphiques. L'écriture (au sens large) a permis à l'espèce humaine de transmettre, par delà l'espace et le temps, le savoir et la culture et de construire ainsi l'Histoire. Elle reste, de nos jours encore, un instrument essentiel d'intégration scolaire d'abord, sociale ensuite. L'illettrisme et l'analphabétisme sont ressentis comme des handicaps socioculturels mêlés à un sentiment de honte pour ceux qui en souffrent et qui tentent de cacher, tant bien que mal, leur marginalité.

Lire et écrire, comme activités de langage, font partie de notre quotidien et devraient, à ce titre, être accessibles à tout un chacun. Mieux encore: elles devraient procurer à tout être humain un mieux-être personnel et social, un accès au savoir et à la culture, des moments de détente et de plaisir.

Si ces objectifs sont atteints par bon nombre de lecteurs et de scripteurs, il n'est pas rare non plus, surtout dans notre profession, de rencontrer des «estropiés» du langage écrit dont les boitements répétés ravivent, à chaque pas de l'initiation, la souffrance d'être en marge.

Cet ouvrage a pour but essentiel de rassembler un ensemble de données susceptibles de cerner les tenants et aboutissants de ce moyen de communication interpersonnelle qu'est le langage écrit. Il tente aussi de synthétiser les données récentes relatives à la pathologie, connue sous les vocables de dyslexie, dysorthographie, dysgraphie. Il se veut encore un outil de dialogue entre tous les partenaires professionnels qui tentent de transmettre, de génération en génération, l'héritage culturel de l'écrit.

Claire Campolini.

Les mots et les maux de l'écrit

Terminologie logopédique.

L'angoisse de la page blanche...

Autant écrire ces mots qui sont dans ma tête et qui m'empêchent de tracer les premiers signes de notre réflexion à propos du langage écrit.

J'ai la chance d'aimer lire.

J'ai découvert – plus tard il est vrai – le plaisir d'écrire.

Et me voilà bloquée au départ de ce projet d'écriture sur l'écriture.

J'ai longtemps privilégié l'écoute de l'autre au détriment de ma propre capacité d'expression. Cette difficulté à rompre mon silence existait pareillement devant le support écrit.

Lire était pour moi (et ce l'est encore) aller à la rencontre de quelqu'un, d'une pensée, d'un savoir, d'une expérience, d'une histoire... dont je m'imprégnais. J'entendais et j'écoutais l'autre; je découvrais les mots qu'il avait écrits. Mais aussi, je les savourais ou les dévorais, les dégustais et les digérais... Lire, c'est incorporer.

Parallèlement, j'ai appris la «technique» de l'écriture que je maîtrisais, vaille que vaille. Je tentais d'utiliser cette technique pour répondre à une demande scolaire, pas pour m'exprimer. Et ces tentatives se soldaient par un échec que je vivais comme une dépréciation de ma personne; souffrance sans cesse renouvelée. Je n'étais pas reconnue dans mes traces écrites. Comment aurais-je pu l'être, d'ailleurs, puisque je ne me laissais pas deviner derrière les mots et les phrases que je tentais vainement de calquer sur des auteurs consacrés.

Lire, écrire, souffrir...

Cette souffrance, elle existe à tous les tournants de la rencontre rééducative. Il nous appartient de l'entendre, la reconnaître, l'apprivoiser. Elle reste bien souvent tapie au fond de l'être; elle n'est même pas identifiée par celui qui en souffre. Les mots pour la dire n'existent pas. Il ne reste que les symptômes: ils ont souvent pour nom: dyslexie – dysorthographie – dysgraphie.

Si les principaux intéressés ignorent comment dénommer leur mal de lire et d'écrire, ceux qui se sont donné pour tâche de les aider n'ont pas manqué de traduire en termes savants cette difficulté et ces symptômes.

Les logopèdes, depuis que leur profession a vu le jour, se sont attachés à comprendre ces pathologies qu'ils reconnaissent comme une difficulté d'expression. Comme «éducateurs» du langage, ils estiment, à juste titre, en remédiant aux insuffisances en compréhension et expression écrites, s'inscrire dans la poursuite du travail qu'ils réalisent sur le langage oral. Ils se distinguaient ainsi de leurs collègues orthophonistes français qui laissaient aux «rééducateurs du langage écrit» le soin de travailler les troubles qui s'y rattachent. L'étymologie respective de «logopédie» et «orthophonie» renforce d'ailleurs cette étendue différente de leur champ professionnel, même si, à l'heure actuelle, les orthophonistes participent aussi à la rééducation des troubles du langage écrit, leur formation ayant été étendue à ce domaine d'action.

Les symptômes dyslexie – dysorthographie – dysgraphie sont rarement reconnus, par le commun des mortels, comme des troubles du langage. Ces trois termes, assez vulgarisés de nos jours, évoquent spontanément une mauvaise pratique de la lecture, de l'orthographe, de l'écriture. Activités scolaires par excellence, les difficultés qui s'y rattachent vont très vite être assimilées à des troubles d'apprentissage, perdant ainsi toute chance d'être identifiées comme troubles langagiers. L'enfant «dys», déjà en difficulté d'être, va être confronté à une autre problématique, celle de l'échec scolaire qui le dévalorise à ses yeux et à ceux d'une société où la réussite à l'école est souvent synonyme de réussite tout court.

La lecture et l'écriture: une affaire de spécialistes.

Dans ce contexte logo-psycho-pédagogique, il est particulièrement ardu de réaliser un travail de terminologie. Une fois de plus, le logopède se trouve au centre d'une problématique dont l'éclairage et la compréhension dépendront de la maîtrise d'un ensemble de connaissances qui appartiennent à des disciplines dont il doit s'imprégner. Il ne peut le faire qu'en adoptant le lexique spécialisé de ses partenaires enseignants et psychologues, sans oublier pour autant sa spécificité qui l'oblige à s'affirmer comme paramédical.

C'est d'autant plus inconfortable à vivre que le logopède œuvre souvent sur le terrain propre à l'enseignant: l'école. Ce n'est pas sans danger pour le logopède qui se voit souvent attribuer le rôle de «professeur de rattrapage» au détriment de son propre champ d'intervention: le langage. Cette réflexion terminologique devrait, nous l'espérons en tout cas, offrir au logopède l'occasion de s'affirmer comme partenaire privilégié de l'enseignant, sans pour autant se substituer à lui.

«La dyslexie en question».

D'autres difficultés nous attendent dans notre démarche réflexive. La première est relative à la réalité véhiculée par le terme «dyslexie». Il est important peut-être de remarquer que c'est ce vocable qui a pris l'ascendant sur les deux autres: dysorthographie et dysgraphie. La première est souvent annoncée comme un corollaire obligé de la dyslexie. La seconde, quant à elle, est davantage revendiquée comme un terrain d'action du psychomotricien et n'est finalement traitée que par quelques logopèdes qui ont eu à cœur d'acquérir cette spécialisation professionnelle.

Il nous semble, en tout état de cause, que la «dyslexie» est un terme central autour duquel gravite un ensemble imposant d'interprétations et donc d'appellations. Le terme «dyslexie» a été introduit par Ombredane, en 1937, au premier congrès de psychiatrie. Depuis, il a fait le bonheur de nombreux psychiatres, psychologues, orthophonistes, logopèdes... et il a permis le développement d'un nombre impressionnant de recherches descriptives, étiologiques, diagnostiques et rééducatives.

Cette «maladie du siècle», comme se plaisait à l'appeler Mucchielli, a acquis au cœur des années 50-60 un statut particulier: étiquette paradoxale dont la précision illusoire recouvre un ensemble de questions sans réponse, tout à la fois dénomination d'une entité nosologique, explication ultime de l'échec scolaire et difficulté particulière dans l'apprentissage de la lecture.

Le «Il est dyslexique» devient la cause incontestable d'une problématique qui dépasse largement le cadre strict de l'initiation à l'acte lexique. Etre dyslexique explique et excuse tout: pour l'enfant (il n'est plus «paresseux» ou «bête»), pour l'enseignant (sa méthode et sa pédagogie peuvent sortir indemnes sous le couvert de cette étiquette), pour les parents (trop souvent mis en cause en cas d'échec scolaire). Cette «mode» dyslexique aura au moins eu le mérite de reconnaître l'enfant en difficulté et d'éviter de jeter l'anathème sur lui.

Symptômes typiques ou atypiques?

Le fait dyslexique reconnu, les spécialistes s'attachent à en décrire les manifestations et on voit fleurir, un peu partout dans la littérature, un bouquet de symptômes «typiques»: inversions de lettres, substitutions sourdes/sonores, omissions, additions et autres confusions dont l'apparition dans les tentatives de lecture des apprentis induira, bien souvent à tort, le verdict de «dyslexie». Les erreurs, dites typiques, se manifestent aussi dans la lecture du débutant, du lecteur chevronné, ou encore chez le handicapé mental, l'aphasique... Or, ceux qui s'attachent à définir le «vrai» dyslexique le disent indemne de toute atteinte intellectuelle ou neurologique. Faut-il renoncer totalement pour autant à observer et analyser les erreurs qui apparaissent en situation de lecture? Non sans doute, mais elles ne suffisent pas à dénoncer la dyslexie puisqu'elles ne permettront pas la mise en place d'un diagnostic différentiel.

A qui la faute?

Après avoir décortiqué et catalogué les erreurs, enregistré leur fréquence et constaté leur persistance malgré les efforts conjugués de l'apprenant et des (ré)éducateurs, les chercheurs ont voulu mettre en évidence des causes susceptibles d'engendrer et d'expliquer la dyslexie. Si causes il y a, agir sur elles permettra sans doute de prévenir l'apparition de difficultés scolaires majeures.

Cette perspective permet à différents spécialistes d'interpréter le phénomène dyslexique en fonction de leur orientation spécifique. Diverses théories explicatives voient le jour, affublant la dyslexie d'une origine organique, instrumentale, pédagogique, psychologique et/ou socioculturelle. Elles conduisent à examiner l'enfant sous toutes les coutures de son évolution personnelle et sociale et amènent généralement, comme l'écrit Lefavrais (1965), à faire apparaître «une constellation de déficits: insuffisances sensorielles, troubles perceptifs, troubles du langage, de la latéralisation, du caractère, du comportement, de l'affectivité, refus de la communication, insuffisance de l'élaboration du schéma corporel, de la structuration de l'espace et du temps, troubles de la rétention visuelle, de l'acquisition des automatismes. A la dyslexie s'associent souvent des troubles de l'écriture, de l'orthographe... et même du calcul. Cette vaste constellation, à laquelle chaque auteur apporte sa petite contribution personnelle, rend compte de la dyslexie comme elle rendrait compte aisément de n'importe quelle déficience de la scolarité. On se demande, en effet, comment pourrait bien apprendre à lire, à compter et à écrire, un écolier atteint de tant de troubles, de tant d'insuffisances, de tant de déficits.»

Ces interprétations étiologiques ont fait les beaux jours des divers spécialistes qui en revendiquaient la paternité et voyaient de ce fait consacrer leur droit à venir en aide aux enfants dyslexiques. Différents courants de remédiation ont ainsi pu voir le jour, dont la variété n'a d'égal que les polémiques qu'ils ont suscitées. Chaque tendance cherche à tirer la couverture de son côté; c'est ainsi que le dyslexique aura droit à une panoplie médicamenteuse, un entraînement instrumental, une psychothérapie, des cours de rattrapage et un enseignement spécial. Les logopèdes, eux, hésitent encore de nos jours et oscillent bien souvent entre l'approche logopédique, instrumentale, pédagogique et/ou psychothérapeutique des troubles.

Pourtant les recherches menées depuis 1980 ont donné un nouvel éclairage aux difficultés rencontrées dans l'acquisition du langage écrit. Elles écartent délibérément tout ce qui entoure le dyslexique et ses problèmes dits associés et se penchent sur la réalité même qui lui pose problème et à laquelle il doit son nom: la lecture. Qu'est-ce que lire? Quelles stratégies met-on en œuvre pour accéder à ce que Morais appellera «l'Art de lire»?

La ou les?

Les études, menées parallèlement en neuropsychologie de l'adulte et dans le domaine de la psychologie cognitive vont progressivement permettre de ne plus envisager «La» dyslexie comme un bloc monolithique. On voit apparaître une terminologie, peu connue des profanes qui en dénoncent l'hermétisme: dyslexie visuelle, de surface, profonde devenant sous la plume de Boder, les dyseidétiques et les dysphonétiques qui peuvent, en se conjuguant, former un groupe mixte.

Ce qui semble définitivement acquis, c'est que pour apprendre à lire et à écrire, l'enfant doit faire preuve d'un bon investissement préalable du langage oral; cette maîtrise de l'outil langagier doit déboucher sur les différents comportements «méta» chers à la psycholinguistique. L'enfant doit être suffisamment à l'aise avec le langage pour opérer une réflexion métaphonologique, métalexicale, métasyntaxique.

Une deuxième certitude, qui s'imposait déjà comme une évidence, est le lien qui se tisse entre lecture et orthographe. Les modèles génétiques qui tracent les étapes de l'apprentissage témoignent, s'il en est besoin, de ce truisme. Ils décrivent les stades successifs (logographique, alphabétique, orthographique) par lesquels l'apprenti va progressivement affiner ses stratégies d'accès à l'écrit.

«J'ai cri à les colles.»

Et si nous laissions l'enfant nous dire ce qui ne va pas, nous parler de son mal d'écrire!

Les spécialistes ont construit des édifices interprétatifs en béton; ils sont assez fiers de leurs expériences dont l'issue leur a permis d'ériger en modèles des réflexions susceptibles de satisfaire notre curiosité intellectuelle. Ils nous donnent aussi de nouvelles pistes d'évaluation et de remédiation. La lecture et l'écriture sont considérées «en soi» et cette démarche laisse, apparemment en tout cas, peu de place au langage écrit, outil de communication, moyen d'être au monde.

Le danger est grand de mettre en avant chez le «mauvais lecteur» (comme on dit maintenant) et donc chez le «mauvais scripteur» une incapacité à contrôler un code et à en faire bon usage. Insister sur ce code devient alors le but premier (et peut-être dernier) de la rééducation. Travailler le symptôme, focaliser l'attention de l'enfant sur les difficultés qu'il entretient avec ce code, n'est-ce pas, pour un rééducateur, «faire de la prothèse» comme le dénonçait déjà C. Chassagny (1967). «L'originalité de notre profession, c'est de considérer, au-delà du trouble de la lecture et de l'orthographe, la personnalité de l'enfant et d'appuyer notre rééducation sur ce qu'elle est.

Une technique, seulement destinée à s'attacher aux manifestations de l'inadaptation sacrifierait tout ce qui chez l'enfant doit être considéré comme essentiel, c'est-à-dire la manière dont l'évolution du langage a été vécue.»

C'est aussi C. Chassagny qui répétait à l'envi qu'une séance de rééducation se devait d'être «un lieu et un moment de plaisir». L'enfant, débarrassé de la contrainte scolaire, peut y formuler sa demande qui sera entendue, reçue et respectée. Cette demande ne peut pas être «détournée» par le rééducateur aux fins de satisfaire une quelconque soif normative personnelle. Le but du praticien est d'amener l'enfant à accepter d'introduire la règle (quelle qu'elle soit) dans son discours écrit. Pour atteindre ce but, l'enfant doit réaliser que le travail de rééducation porte bien sur son message écrit et pas uniquement sur la forme qu'il lui donne.

L'art de la rééducation consiste alors à pouvoir introduire au bon moment (c'est-à-dire quand le patient le demande) la démarche technique nécessaire; le sommet de cet art est atteint quand le praticien, parfaitement au clair avec la «technique», peut l'introduire dans la séance d'une manière naturelle et ludique, comme une réponse évidente à une demande qui ne l'est pas moins.

Langage – corps – espace – temps.

Le logopède doit bien sûr maîtriser l'ensemble des réflexions théoriques qui vont soutenir son action. Mais l'enfant qu'il a devant lui n'est pas qu'un apprenti lecteur ou scripteur. C'est une personne, un être de langage, qui a appris, tant bien que mal, à structurer le monde qui l'entoure et à lui donner sens. Lire et écrire n'ont que peu à voir avec un exercice abstrait de codage et de décodage de signes phoniques et graphiques.

La trace écrite émane du corps dans le geste graphique et est reconnue par lui grâce aux capacités perceptives. Elle s'inscrit dans l'espace et le temps et utilise les mots du langage. Si les recherches sont parvenues à montrer que le corps – l'espace – le temps ne sont pas des prérequis spécifiques à la lecture et à l'écriture, mettant ainsi en cause l'importance que leur accordaient les premiers rééducateurs de l'écrit, ils lui sont en tout cas intimement associés et continuent à faire l'objet d'une action rééducative, voire préventive en logopédie. Le corps, l'espace, le temps, le langage sont directement mis en œuvre dans les activités liées à l'écriture, ce qui implique d'avoir franchi les différentes étapes mentales nécessaires à leur intégration organisatrice.

Analyser les mécanismes de la lecture, en décrire les étapes, comprendre les stratégies mises en œuvre par le lecteur et le scripteur peuvent peut-être aider le rééducateur à cerner le problème de l'enfant, mais comportent aussi le risque de le convaincre que la lecture est une «technique» abstraite et ardue, coupée du reste de son expérience, dénuée de sens. On lit et on écrit avec tout son être. C'est bien au-delà de la technique que se situe la rencontre du lecteur et du scripteur. Et cette rencontre n'a pas fini de nous livrer tous ses secrets: «Pour comprendre un texte, écrivait le Dr Merlin C. Wittrock dans les années quatre-vingt, nous ne nous contentons pas de le lire, au sens propre, nous lui fabriquons aussi une signification. Dans ce processus complexe, les lecteurs prennent le texte en charge. Ils créent des images et des transformations verbales afin de s'en représenter le sens. Plus impressionnant encore, ils produisent du sens en cours de lecture en établissant des relations entre leur savoir, des souvenirs de leurs expériences, et les phrases, paragraphes et passages du texte écrit. Lire ne consiste donc pas en un processus automatique d'appréhension du texte comparable à la manière dont un papier photosensible est impressionné par la lumière, mais un étonnant processus labyrinthique de reconstruction, commun à tous et néanmoins personnel.» (in A. Manguel «Une histoire de la lecture» p.56.)

Une conciliation terminologique.

La réflexion terminologique est une démarche à nulle autre pareille: elle oblige le chercheur à fouiner dans tous les recoins de la littérature scientifique dont elle fait en quelque sorte la synthèse. Elle en extrait la substantifique moelle, retient, définit et relie entre eux les termes qui reflètent le terrain d'activités qu'elle tente de circonscrire.

Elle apporte à celui qui s'y adonne une vision panoramique d'un domaine aux détours de laquelle se profilent les différentes interprétations de sa réalité.

C'est un travail qui exige tout à la fois passion, rigueur, enthousiasme, patience. Il se mûrit et s'alimente d'écrits, de rencontres, d'échanges. Travail de l'ombre, digne de Pénélope: il faut avoir le courage de faire, défaire et refaire!

On pourrait se poser la question de savoir si la recherche terminologique, réalisée par des spécialistes mêmes du domaine envisagé (en l'occurrence, ici, les logopèdes) ne risque pas d'être entachée par leur implication professionnelle. C'est en tout cas un risque, surtout dans le cas présent. La manière de considérer le langage écrit est conditionnée par les théories qui ont tenté d'en éclairer les mécanismes et les dérapages. Ces interprétations, depuis qu'elles ont vu le jour, n'ont jamais laissé le praticien indifférent. Elles suscitent réactions, polémiques, controverses, adhésion... Il est sans doute plus facile pour un terminologue de métier de garder une plus grande neutralité face aux querelles d'écoles!

Ce qui nous frappe, depuis que nous avons commencé ce projet de «dictionnaire de logopédie», c'est que la recherche même permet souvent de concilier les diverses théories et de les mettre en interrelation, l'une complétant l'autre ou lui apportant un éclairage original. Nous sommes étonnées de découvrir un nombre assez important de «synonymes», qui se révèlent réellement recouvrir une réalité similaire. Les chercheurs ont souvent, semble-t-il, travaillé parallèlement ce domaine au départ de questions qui leur sont propres; ils aboutissent à préciser des notions qui se rejoignent sous des vocables différents.

Il est important, dans notre démarche, de réaliser des allers-retours dans les diverses sources écrites que nous avons exploitées. Il ne suffit pas d'inventorier les termes appartenant au domaine traité. Il faut littéralement s'imprégner de la signification que leur attribuent les différents auteurs, en débusquer les nuances et apprécier l'éventuelle polysémie de certains d'entre eux.

Les «faux amis».

La recherche même des sources peut, à elle seule, constituer un problème majeur. Peu d'auteurs francophones ont apporté de réelles innovations dans le domaine de l'acquisition et de la pathologie du langage écrit. La recherche cognitive a trouvé ses meilleurs défenseurs parmi les auteurs anglo-saxons. Quelques ouvrages, en langue française, sont apparus ces dernières années et nous ont permis de ne pas trop devoir recourir à des traductions qui restent des œuvres dangereuses pour construire une terminologie: la transposition littérale et imprécise de certains termes conduit souvent à des interprétations erronées des notions qu'ils ciblent. A titre d'illustration, nous prendrons l'exemple du terme anglais «dysgraphia». La traduction française littérale est inadéquate: le terme «dysgraphie» signifie une perturbation de l'acte graphique moteur, du geste même; il ne correspond absolument pas au terme anglais qui, lui, signifie une erreur orthographique.

Les dessous du domaine.

L'inventaire des termes réalisé, il nous fallait les articuler les uns aux autres sous forme de schémas notionnels. Les domaines de la lecture et de l'écriture se sont révélés très complexes et ont dû être tronçonnés en plusieurs sous-domaines dont cet ouvrage tentera de rendre compte.

C'est ainsi que nous envisagerons le développement normal de la lecture et de l'écriture (en tant qu'expression écrite de la pensée) avant d'aborder les sous-domaines pathologiques: troubles de la lecture d'abord, troubles de l'écriture ensuite, comprenant les troubles du geste graphique (les dysgraphies) et de l'orthographe (les dysorthographies).

Chacun de ces sous-domaines a été le point de départ d'une réflexion spécifique, menée par un étudiant en logopédie dans le contexte de son travail de fin d'études. L'élaboration de ces mémoires a fait l'objet d'un encadrement mené conjointement par un professeur-logopède et un spécialiste en terminologie. Le travail de recherche et sa supervision étaient régulièrement alimentés par la réflexion d'un groupe qui réunissait tous les étudiants attelés à cette tâche, les promoteurs de leurs mémoires et les auteurs du projet. Cette structure, qui peut sembler lourde à gérer, a permis à notre avis de donner d'emblée à la recherche l'envergure nécessaire et une rapidité d'exécution que les auteurs seuls n'auraient pas pu atteindre.

Classer, trier, tamiser: la voie du glossaire.

Chaque étudiant a pu ainsi dépouiller la littérature du sous-domaine qu'il avait choisi et repérer les termes utilisés par les auteurs. Les spécialistes logopèdes engagés dans le projet les aidaient à «trier» les vocables qui leur semblaient spécifiquement logopédiques et les autres qui appartenaient aux sciences connexes: pédagogie, psychologie…

Très rapidement, nous nous sommes rendu compte qu'il était difficile de faire totalement abstraction de ces lexiques spécialisés. Ils font, en effet, partie intégrante du dialogue professionnel qui s'instaure dans un travail d'équipe pluridisciplinaire. Nous avons donc choisi de répertorier ceux qui nous semblaient essentiels à la compréhension d'ensemble des domaines étudiés. Les définitions que nous donnons de ces termes sont présentées dans un glossaire, en annexe de notre ouvrage. Elles sont reprises, pour la plupart, aux dictionnaires spécialisés qui existent sur le marché.

L'adjonction d'un tel glossaire permet ainsi à l'utilisateur du présent dictionnaire de trouver rapidement la définition des termes utilisés dans d'autres domaines et qui interviennent dans notre propos. Il permet aussi de garantir à notre travail une spécificité logopédique rigoureuse. En effet, nous sommes de plus en plus persuadées que cette démarche de «tri» terminologique se justifie pleinement. Il nous arrive, en consultant des dictionnaires dits spécialisés, de nous interroger sur l'apparition d'un terme qui appartient manifestement à un tout autre lexique. Nous aurions pu facilement, mais indûment, grossir à l'infini notre dictionnaire en y intégrant des termes appartenant au jargon médical, psychologique et pédagogique. Si nous voulons atteindre notre objectif initial, qui est de cibler et d'éclairer le lexique spécialisé des logopèdes, nous nous devons d'écarter résolument un ensemble de termes, qu'ils utilisent peut-être, mais en les empruntant à d'autres spécialités.

Nous donnons ici à titre d'exemples trois termes repris dans notre glossaire.

MOT IRRÉGULIER (s.m.)

Mot qui ne peut subir un simple traitement de correspondance graphème-phonème et pour lequel la lecture exige d'en avoir une représentation orthographique dans le lexique interne. Ex.: monsieur.

MOT RÉGULIER (s.m.)

Mot qui peut être déchiffré par simple transformation des lettres ou groupes de lettres en leurs correspondants phonologiques. Ex.: montagne.

PSEUDO-MOT (n.m.)

Entité orthographique non signifiante dont la production écrite et la lecture se font par la procédure d'assemblage et par analogie avec des mots ou des parties de mots familiers.

Syn.   Logatome.

Du schéma notionnel...

Après avoir isolé les termes qui appartiennent au domaine étudié, les étudiants élaborent ce qu'il est convenu d'appeler, en terminologie, le schéma notionnel. Celui-ci fait l'objet, généralement, de plusieurs tentatives car le lien qui peut exister entre les termes n'apparaît pas toujours d'emblée. Il s'agit ici d'opérer une analyse rigoureuse des traits sémantiques inclus dans chaque notion pour en dégager les liens qui peuvent l'unir aux autres. C'est un travail un peu similaire à celui qui s'opère dans la construction d'un puzzle. Chaque pièce, isolée au départ, s'imbrique dans un tableau d'ensemble et en assure la cohérence et la stabilité. Chaque élément a une (et une seule) place possible et c'est en le positionnant correctement qu'on lui donne sens dans l'architecture générale du schéma.

Pour illustrer notre propos, nous présentons, à la fin de cette introduction, à titre d'exemple, le schéma notionnel élaboré par Sabrina Dromelet pour le sous-domaine des «dyslexies de développement».

Cette page, squelettique et simple en apparence, est le résultat d'un long parcours, au départ de lectures, de discussions, de réflexions, individuelles et collectives. Cette création n'est peut-être pas l'unique manière d'aborder les dyslexies de développement. Elle reflète néanmoins la perspective logopédique de cette pathologie et a le mérite de donner une vision d'ensemble des différents aspects étudiés et pris en compte par les logopèdes.

Tous les étudiants qui ont participé à ce travail ont, à chaque fois, pu faire l'expérience de l'intérêt théorique de cette démarche de construction. Au terme de leur mémoire, ils ont tous l'intime conviction d'avoir pu «faire le tour» d'un secteur et de pouvoir l'aborder, sur le terrain pratique, avec une connaissance beaucoup plus affûtée.

Cette tentative de synthétiser l'ensemble des notions qui font partie intégrante d'un domaine de notre action logopédique a aussi des effets secondaires bénéfiques sur la formation de nos étudiants. Il est aisé, au départ de ce travail, de dispenser un enseignement approprié et structuré, qui circonscrit rapidement les notions à intégrer, tout en montrant les liens et les croisements que l'on peut établir avec d'autres disciplines.

Le travail de chaque étudiant nous a permis de récolter assez vite et par sous-domaine, les termes que nous estimions spécifiques au langage logopédique. Leur recherche se complétait bien sûr par un ensemble de définitions, reprises telles quelles aux auteurs, adaptées ou créées en fonction des nécessités. Leur contribution s'étendait aussi à répertorier les synonymes de l'entrée lexicale concernée et ses antonymes éventuels. Leur connaissance du domaine leur a souvent permis d'ajouter un ensemble de notes aux définitions initiales.

Très rapidement, il nous est apparu que ces recherches d'étudiants, pour précieuses qu'elles soient, ne pouvaient pas être utilisées telles quelles aux fins d'une publication définitive.

... à l'index notionnel.

Nous avons donc repris chacun de ces travaux non seulement sous forme d'approche critique mais aussi en veillant à intégrer les différents sous-domaines à l'ensemble de notre réflexion terminologique. D'emblée, une évidence s'est imposée: il était difficile d'envisager la publication des schémas notionnels dans leur forme initiale. En effet, chaque sous-domaine comptait un nombre important de pages pour sa seule représentation «schématique». Nous avons donc choisi de les retravailler sous la forme d'index notionnels.

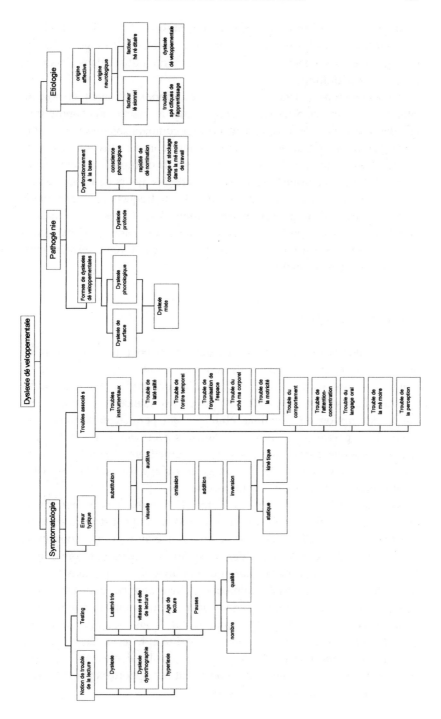

Même si ceux-ci sont, de prime abord, moins «illustratifs» des liens unissant les termes les uns aux autres, ils se révèlent à l'usage suffisants pour le lecteur, qui peut y découvrir la charpente utilisée dans l'élaboration de nos définitions.

Nous suggérons au lecteur de se référer à l'index notionnel, élaboré au départ du schéma de S.Dromelet et qui figure à l'entrée du chapitre traitant des «dyslexies de développement». La comparaison entre le schéma et l'index permettra au lecteur de se rendre compte que nous ne nous sommes pas contentées de modifier la forme de ce travail; il nous a également fallu en repenser la structure, y faire des ajouts de termes initialement «oubliés» (ex.: effets de complexité, de fréquence…), en supprimer certains qui nous semblaient moins spécifiques (ex.: facteur héréditaire), voire modifier des entrées pour les rendre plus explicites (ex.: le terme «erreur typique» dans le schéma est devenu «erreurs phonologiques» dans l'index).

Les définitions et leurs limites.

Si les auteurs se sont efforcés de donner un nom aux notions qu'ils dégagent de leurs recherches, ils sont peu nombreux à les définir de manière précise. Certains se contentent d'en décrire les principaux traits constitutifs, les illustrent par des exemples, les nuancent éventuellement par la description de situations cliniques qui permettent de mieux en cibler leur portée sémantique. D'autres s'évertuent à présenter une notion sous une forme que nous nous permettrons d'appeler «exclusive»: ils précisent, en effet, davantage ce qu'elle «n'est pas» au détriment d'une réelle formule définitionnelle.

Nous avons donc été amenées à créer l'ensemble des définitions de cet ouvrage. Celles-ci, au départ de notre index, sont construites selon un schéma rigoureux et se veulent concises et claires. Cette conception même de la définition, suivant des impératifs propres à la terminologie, leur donne une forme particulière qui implique de rejeter tous les éléments jugés superflus dans l'approche de leur signification. Elles peuvent parfois paraître dépourvues de nuances. Pour compenser cette apparente «sécheresse» de notre propos, il nous semble important d'y adjoindre un ensemble de notes: elles situent le terme dans la réalité du domaine, apportent parfois un exemple qui lui donne vie et consistance, le teintent aux couleurs des interprétations apportées par les divers auteurs qui ont contribué à sa création.

Une histoire sans fin...

La publication de ce 3e fascicule du «dictionnaire de logopédie» nous conforte dans l'idée suivante: plus qu'un répertoire de mots spécialisés, nous pensons pouvoir dire qu'un tel ouvrage est un recueil de savoirs, de connaissances, de réflexions qui résument un «état de la question» à un moment donné de la recherche scientifique. Son actualité est sans doute éphémère. Mais n'est-ce pas là le lot de toutes les œuvres à caractère scientifique? C'est grâce aux écrits qui nous ont précédés que nous avons pu, à notre tour, laisser cette trace écrite de notre démarche terminologique. Puisse-t-elle devenir, à son tour, point d'ancrage pour de nouvelles réflexions.

Abréviations utilisées

INDICATEURS DE RUBRIQUE

VA   Renvoi de voir

SYMBOLES LOGIQUES

Ant.   Antonyme
Syn.   Synonyme

MARQUES GRAMMATICALES

adj.   Adjectif
f.   Féminin
m.   Masculin
n.   Nom
s.   Syntagme
t.   Transitif
v.   Verbe

Note aux lecteurs: Les termes définis dans le glossaire ne sont pas mis en évidence dans le dictionnaire. Nous vous invitons donc à consulter le glossaire lorsque vous désirez prendre connaissance de la signification d'un terme.

SECTION 1

LE DÉVELOPPEMENT "NORMAL" DU LANGAGE ÉCRIT

La Lecture

Développement normal

«Lire, c'est aller à la rencontre
d'une chose qui va exister.»
(Italo Calvino)

Il nous semble logique de débuter notre réflexion terminologique par une approche du développement normal de la lecture. En effet, elle constitue la première étape de l'acquisition du langage écrit. Elle est généralement considérée aussi comme l'étape la plus facile et il n'est pas rare d'ailleurs de voir certains enfants, intelligents sans être surdoués, apprendre à lire spontanément sans l'aide d'un instructeur.

La lecture a fait l'objet d'études très variées; elle mobilise des spécialistes qui l'étudient à la lumière des sciences telles que la linguistique, la pédagogie, la psychologie, la sociologie...tant il est vrai que la lecture fait référence au langage, à l'enseignement, aux capacités cognitives, au comportement, aux relations humaines et sociales. Lire met en action l'être humain tout entier. Comme l'écrit G. Gelbert, «Lire c'est vivre».

La lecture: activité de langage.

Lire, c'est traduire en mots, en phrases, en récits, les signes graphiques utilisés par l'écrivain. La vraie lecture consiste à «passer directement du signifiant (image visuelle) au signifié (image mentale) par l'intermédiaire d'un mécanisme dont on a oublié le fonctionnement (C. Chassagny).

C'est un code constitué de signes, abstraits et conventionnels. Nous nous trouvons donc immergés dans le concept du langage défini par F. de Saussure. C'est un deuxième système de signes qui se greffe sur le premier, le langage oral. Si celui-ci représente la réalité, l'écrit représente le langage oral tout en gardant sa fonction de représentation du réel.

La lecture mettra à contribution des mécanismes et des composants inhérents au langage: le lexique, la syntaxe, la compréhension... Elle développe, par ailleurs, des habilités métalinguistiques spécifiques et

nécessaires à son avènement: conscience phonologique, analyse segmentale...

Il est assez commun de prétendre qu'un bon niveau de langage chez
l'enfant lui assurera un apprentissage aisé de la lecture. Cette évidence
se vérifie quotidiennement dans l'enseignement fondamental où les
élèves bons parleurs deviennent aussi très souvent les bons lecteurs. A
l'inverse, les «handicapés linguistiques» (milieux défavorisés, enfants
issus de l'immigration...) restent dans la plupart des cas à la traîne de cet
apprentissage et n'accèdent que péniblement à l'acte lexique automatisé.

C'est à ce niveau que le logopède peut exercer une action préventive
et contribuer, par ses connaissances linguistiques spécifiques, au développement langagier de l'enfant avant son entrée à l'école primaire.
L'intégration des logopèdes dans les crèches et les écoles maternelles
devrait revêtir cette couleur préventive et permettre, par des stimulations
langagières appropriées, d'épanouir les capacités d'expression des
enfants avant les années d'apprentissage scolaire. Un lexique pauvre et
une syntaxe rudimentaire sont les principaux écueils sur lesquels vien-
nent s'échouer les efforts de l'apprenti lecteur en quête de sens.

La lecture: objet d'enseignement.

Depuis que le langage écrit existe, il semble avoir fait l'objet d'un
apprentissage qui s'est étendu, voire généralisé, depuis l'avènement de
la scolarité obligatoire.

Les pédagogues ont cherché à développer des méthodes permettant à
tout un chacun d'accéder au code écrit. On distingue généralement, dans
la variété importante des méthodes qui existent, deux grands groupes,
qui se caractérisent par une différence fondamentale au niveau des
mécanismes mis en jeu dans l'apprentissage. Elles sont appelées
méthodes synthétiques et analytiques, plus communément désignées par
les vocables méthode phonique et méthode globale.

La méthode synthétique est ainsi nommée parce qu'elle demandera à
l'enfant, à chaque étape de son apprentissage, de mettre en jeu des capacités de synthèse. Elle part du simple pour aller au complexe, des unités
non signifiantes (lettre, phonème, syllabe) vers les unités signifiantes
(mot, phrase, récit). Elle est parfois complétée par l'adjonction de gestes
qui symbolisent le phonème et/ou la lettre étudiée.

La méthode analytique doit son nom aux capacités d'analyse que l'enfant met en œuvre dans son apprentissage. Au départ d'un ensemble

significatif (le récit, la phrase, le mot) l'enfant doit retrouver progressivement les constituants non significatifs (syllabe, lettre, phonème) avant de pouvoir réutiliser ceux-ci dans l'élaboration et la découverte de nouveaux mots.

Ces deux groupes de méthodes ont leurs partisans et leur détracteurs. Elles sont en perpétuelle rivalité et connaissent, généralement à tour de rôle, des périodes d'essor qui impliquent une quasi généralisation de leur application dans l'enseignement fondamental.

Chacune a des avantages qui deviennent les inconvénients de l'autre et réciproquement. Cette polémique a conduit certains enseignants à exploiter des méthodes dites mitigées ou mixtes en espérant ainsi mettre en commun les avantages de la synthétique et de l'analytique tout en supprimant leurs inconvénients.

A l'heure actuelle, les recherches en psychologie cognitive ont mis en lumière la supériorité incontestable de la méthode phonique dans l'apprentissage de la lecture. Cette supériorité apparaît très nettement dans tous les contextes expérimentaux qui montrent clairement les compétences acquises en lecture grâce à cette méthode chez les enfants de toute origine sociale.

Paradoxalement, les enseignants continuent à prôner la méthode globale et il semble bien que les résultats obtenus par les chercheurs ne franchissent pas les portes des établissements scolaires.

La lecture: objet d'étude des psychologues.

Comme tous les comportements humains, la lecture se devait d'être un thème à l'honneur dans le monde des psychologues. C'est aux cognitivistes et aux neuropsychologues que l'on doit les études les plus intéressantes ces dernières années.

Les premiers se penchent surtout sur les mécanismes de base et les étapes du développement de l'acte lexique, les seconds s'attardent à décrire la sémiologie des troubles acquis de la lecture. Leurs études ont permis de mettre de l'ordre dans un ensemble de facteurs que l'on mettait jadis directement en cause dans les problèmes d'apprentissage de la lecture. Ces chercheurs s'attachent à l'acte lexique même et tentent d'en démonter les rouages pour mieux en cerner le mécanisme sous-jacent.

Nous leur devons une approche génétique pertinente, décrivant l'évolution de la lecture chez l'enfant en trois stades: logographique, alphabétique et orthographique. Ces recherches ont également permis de préciser l'existence de plusieurs voies possibles d'accès au mot écrit: voie directe (procédure d'adressage) et voie indirecte (procédure d'assemblage); le bon lecteur maîtrisant parfaitement l'une et l'autre les utilise à bon escient en fonction des caractéristiques spécifiques du matériel linguistique qu'il est en train de lire.

La mise en évidence de toutes ces composantes a certainement ouvert la voie à de nouvelles recherches en matière d'évaluation des performances en lecture et de remédiation des troubles qui peuvent entraver son développement ou en détériorer les acquis. Ces études ont directement influencé les logopèdes qui en utilisent les retombées évaluatives et rééducatives dans leur pratique quotidienne.

La lecture: un phénomène de société.

Si la lecture est devenue, au fil du temps, un acte solitaire, elle reste de nos jours encore une étape décisive dans la reconnaissance sociale de l'être humain. L'illettré et l'analphabète seront immanquablement relégués à une place souvent peu enviable dans la communauté humaine. La généralisation de l'enseignement a conduit notre société à considérer un peu comme des «parias» ceux qui, pour de multiples raisons, ont refusé (ou se sont vu refuser) cet instrument indispensable à notre intégration sociale: la lecture.

Ils sont nombreux ceux qui dénoncent les problèmes de décrochage scolaire suite aux échecs répétés dans les tentatives d'apprentissage de la lecture. A moins que ce décrochage n'ait déjà eu lieu avant l'entrée à l'école. Ou encore: l'école n'accélère-t-elle pas ce décrochage par sa propre difficulté à intégrer les valeurs et les langages des classes sociales dites marginales?

La lecture: un vaste problème de société mais aussi un défi pour les générations futures.

Parallèlement à cette immense question de l'intégration sociale par l'accès au langage écrit se pose aussi la question de son maintien comme outil de communication dans un monde hyper-médiatisé. La télévision, le monde de l'image et du son, vont-ils supplanter le livre dans son rôle de dispensateur de savoirs, de connaissances, de recherche et de plaisir?

«Les jeunes ne lisent plus»! est sans aucun doute une affirmation un peu trop péremptoire comme toute généralisation. Le livre continue de se vendre et ce ne sont pas les librairies qui font faillite.

S'il est vrai que la lecture n'est plus seule en piste pour satisfaire la curiosité intellectuelle de l'être humain, elle reste un moyen, parmi d'autres, avec lesquels elle peut effectivement entrer en concurrence. La société et l'école en particulier, auront là un rôle important à jouer pour montrer l'importance et l'intérêt spécifique de tous ces outils d'accès au savoir, à la culture…

La lecture: un savoir, un plaisir, un mystère.

Si la lecture a fait l'objet d'un nombre important d'études scientifiques, sévères et rigoureuses, elle a aussi été mise à l'honneur par d'autres auteurs qui mettent en avant le bouleversement que cet apprentissage peut représenter dans la vie de l'enfant. L'inoubliable F. Dolto nous relate sa propre rencontre avec l'écrit dans «La cause des enfants» et conclut ce récit en disant:

«Et pourtant, le souvenir de cette mutation irréversible est resté attaché pour moi à ce titre inoubliable: «*Les babouches d'Aboukassem*», à ces «gravures» en noir et blanc pour moi sublimes, à un texte plat, inadéquat au foisonnement imaginaire dont les images si parlantes avaient suscité mon désir et mon persévérant effort d'apprendre à lire, effort qui, grâce à Mademoiselle et à «la méthode», m'avait ouvert la voie de la culture. Et si je n'avais pas été motivée personnellement par un livre particulier, élu par moi comme l'unique chose désirable? Et si j'avais été à l'école des heures durant, au milieu d'une trentaine d'enfants pour qui, pas plus que pour moi, l'urgence de lire tel livre n'aurait donné sens à la leçon de lecture, urgence comprise et utilisée par Mademoiselle qui avait à lutter contre mes résistances, ma fatigue, qui savait soutenir mon courage et négocier mes moments de démission, c'est elle, cette «urgence motivante» qui – en même temps que la méthode, et surtout la relation interpersonnelle de l'élève et de l'institutrice confiantes l'une dans l'autre – c'est cela tout ensemble qui était efficace. Alphabétiser quelqu'un. Quand? Comment? Pour quoi en faire?»

Le récit que F. Dolto nous fait de son apprentissage de la lecture fait resurgir une évidence que les études scientifiques, sans vouloir consciemment l'occulter, ne mettent pas suffisamment à l'avant-plan. Si la gouvernante de F. Dolto a pu lui apprendre à lire à 5 ans, c'est qu'elle avait discerné chez elle le «désir» de lire «*Les babouches d'Aboukassem*». C'est cette motivation qui est le principal moteur de l'apprentissage. Elle existe bien souvent pour l'enfant à l'aube de sa scolarité et participe d'ailleurs à son désir de grandir. Pourquoi voit-on parfois s'affaiblir, voire disparaître totalement cette envie d'apprendre? Témoins de cette désaffection, les logopèdes auront un rôle important à jouer dans la restauration du désir d'apprendre qui seul permettra la découverte du plaisir de lire.

D. Pennac («Comme un roman») nous décrit lui aussi cet éblouissement ravi de l'enfant qui découvre que lire, c'est faire du sens, c'est transcender la forme par une alchimie mystérieuse et secrète qui vous restitue, dans les signes graphiques déchiffrés, la richesse du monde.

«Il l'avait déjà *vu*, au tableau, bien sûr, reconnu plusieurs fois, mais là, sous ses yeux, écrit de ses propres doigts.

D'une voix d'abord incertaine, il ânonne les deux syllabes séparément: «Ma-man».

Et tout à coup:

– *maman*!

Ce cri de joie célèbre l'aboutissement du plus gigantesque voyage intellectuel qui se puisse concevoir, une sorte de premier pas sur la lune, le passage de l'arbitraire graphique le plus total à la signification la plus chargée d'émotion! Des petits ponts, des boucles, des ronds…et…maman! C'est écrit là, devant ses yeux, mais c'est en lui que cela éclôt! Ce n'est pas une combinaison de syllabes, ce n'est pas un mot, ce n'est pas un concept, ce n'est pas *une* maman, c'est *sa* maman *à lui*, une transmutation magique, infiniment plus parlante que la plus fidèle des photographies, rien que des petits ronds, pourtant, des petits ponts… mais qui ont soudain – et à jamais! – cessé d'être eux-mêmes, de n'être rien, pour devenir cette présence, cette voix, ce parfum, cette main, ce giron, cette infinité de détails, ce tout, si intimement absolu, et si absolument étranger à ce qui est tracé là, sur les rails de la page, entre les quatre murs de la classe…

La pierre philosophale.

Ni plus, ni moins.

Il vient de découvrir la pierre philosophale.»

DÉVELOPPEMENT NORMAL DE LA LECTURE

1. MÉCANISMES PHYSIOLOGIQUES SPÉCIFIQUES:

A. BALAYAGE VISUEL

Fixation

Empan visuel

B. MOUVEMENTS OCULAIRES

Saccade

Régression

2. PROCESSUS SPÉCIFIQUES D'IDENTIFICATION DU MOT: DÉCODAGE

A. PROCÉDURE LOGOGRAPHIQUE

B. PROCÉDURE D'ASSEMBLAGE

Habileté métaphonologique
Conscience phonologique
Principe alphabétique

Mémoire de travail

Segmentation graphémique

Règles de correspondance graphème-phonème

Fusion syllabique

C. PROCÉDURE ANALOGIQUE

D. PROCÉDURE D'ADRESSAGE

Représentation orthographique

Lexique orthographique d'entrée

Système sémantique

Représentation phonologique

Lexique phonologique de sortie

Mémoire tampon phonémique

Prononciation du mot

3. MÉCANISMES COGNITIFS NON-SPÉCIFIQUES DE TRAITEMENT: COMPRÉHENSION ÉCRITE

ANTICIPATION

4. MODÈLES DE TRAITEMENT DE L'INFORMATION LEXIQUE:

A. MODÈLE BOTTOM-UP

B. MODÈLE TOP-DOWN

C. MODÈLE INTERACTIF

5. MÉTHODES D'APPRENTISSAGE:

A. MÉTHODE SYNTHÉTIQUE

Unité non signifiante
Méthode alphabétique
Méthode phonétique
Méthode syllabique
Méthode gestuelle

Synthèse

B. MÉTHODE ANALYTIQUE

Unité signifiante
Méthode des mots
Méthode des phrases
Méthode du récit

Analyse

C. MÉTHODE MIXTE

6. STADES DU DÉVELOPPEMENT DE LA LECTURE:

A. STADE LOGOGRAPHIQUE

Indices externes

Indices internes
Patron visuel
Lexique visuel

Système sémantique pictural

B. STADE ALPHABÉTIQUE

Déchiffrage

Décodage phonologique
   Unités intrasyllabiques
   – L'attaque
   – La rime
   – La coda
   Connaissance phonémique computationnelle

Lexique fonctionnel
   Représentation variable

C. STADE ORTHOGRAPHIQUE

Décodage

Règles de correspondance orthographe-phonologie

Lexique mental
   Représentation précise

7. TYPES DE LECTURE:

A. LECTURE ORALISÉE

B. LECTURE À VOIX HAUTE

Empan de lecture

C. LECTURE SILENCIEUSE

Subvocalisation

ANALYSE (n.f.)

Activité mentale mise en jeu prioritairement par l'enfant dans les méthodes analytiques d'apprentissage de la lecture, qui implique une décomposition des unités signifiantes en unités non-signifiantes.

Notes: 1. Dans les méthodes analytiques pures, cette analyse doit être découverte par l'enfant lui-même, sans aucune induction de la part du maître. Celui-ci sert alors de guide dans la découverte progressive par l'enfant des unités qui composent le langage écrit.
2. L'étape d'analyse sera nécessairement suivie par une étape de synthèse au cours de laquelle l'enfant fusionnera, en de nouvelles unités, les éléments découverts au cours de son analyse.
3. VA. Méthode analytique.
   VA. Synthèse.
   VA. Unité signifiante.
   VA. Unité non-signifiante.

ANTICIPATION (n.f.)

Mécanisme cognitif non spécifique de traitement mis en jeu dans la lecture, qui permet l'émission d'hypothèses et leur vérification, facilitant ainsi et accélérant la compréhension du texte.

Notes: 1. Pour bien anticiper, le lecteur habile se sert du contexte et d'indices visuels et non-visuels. Ces derniers sont d'ordre pragmatique, grammatical et sémantique. Les indices visuels, eux, proviennent surtout des caractéristiques graphiques du texte lu.
2. Plus l'anticipation est précise et les formes écrites connues, plus la prise d'indices (qui correspond à l'activité de reconnaissance) sera brève.
3. Pour Foucambert, «Lire, c'est vérifier l'exactitude d'une anticipation.»
4. VA. Compréhension écrite.

ATTAQUE (n.f.)

Unité intrasyllabique constituée par la consonne ou le groupe consonantique qui précède la voyelle dans une syllabe.

Note: VA. Unité intrasyllabique.

BALAYAGE VISUEL (s.m.)

Mécanisme physiologique spécifique qui consiste en un déplacement des yeux par bonds, plus ou moins réguliers, entrecoupés de pauses, appelées fixations.

Notes: 1. Chez le lecteur expérimenté, ces déplacements sont amples et réguliers, les plus grands ayant lieu en début et en fin de phrases, les plus petits, entre ces extrêmes.
2. Chez le lecteur débutant, les bonds sont très courts, très nombreux et souvent irréguliers, ce qui donne une lecture saccadée, syllabique, voire sous-syllabique.
3. VA. Mécanisme physiologique spécifique.
   VA. Fixation.

CODA (n.f.)

Unité intrasyllabique constituée par la consonne ou le groupe consonantique qui suit le noyau vocalique de la rime.

Notes: 1. La coda n'est pas reconnue en tant que constituant syllabique propre par toutes les théories. (KAYE et LOWENSTAMM, 1984)
2. Le genre attribué au mot 'coda' varie selon les auteurs.
3. VA. Rime.
   VA. Unité intrasyllabique.

COMPRÉHENSION ÉCRITE (s.f.)

Mécanisme cognitif non spécifique qui, grâce à un traitement de l'information véhiculée par le texte écrit, permet de saisir la signification du message.

Syn.   Intégration syntaxique et sémantique.
Notes: 1. Pour comprendre un texte entier, il faut se focaliser sur une interprétation unifiée du texte: comprendre son thème et assimiler les relations existant entre une suite d'énoncés.
2. La compréhension dépend de mécanismes cognitifs (comme la mémoire) mais aussi des connaissances antérieures (linguistiques, pragmatiques,...), des opinions, croyances, buts, attitudes, valeurs, émotions,... du lecteur. Le lecteur construirait donc le sens du texte en se servant du texte écrit, de ses propres connaissances et de son intention de lecture.
3. La compréhension est à différencier de l'acte de résumer. Ce dernier demande au lecteur des capacités supplémentaires de jugement sur la valeur des informations contenues dans le texte.

CONNAISSANCE PHONÉMIQUE COMPUTATIONNELLE (s.f.)

Capacité mise en jeu dans le décodage phonologique qui permet d'établir des liens entre les lettres, sur lesquelles l'enfant sait quelque chose, et les phonèmes, sur lesquels l'enfant n'a, au mieux, que des connaissances vagues et peu accessibles.

Notes: 1. La connaissance phonémique computationnelle est la première étape des habiletés métaphonologiques.
2. VA. Décodage phonologique.
   VA. Habileté métaphonologique.

CONSCIENCE PHONOLOGIQUE (s.f.)

Habileté métaphonologique consistant en une connaissance consciente, réflective, explicite, sur les propriétés phonologiques du langage et qui est susceptible d'être utilisée de manière intentionnelle.

Syn.   Connaissance réflective, conscience phonémique, conscience phonétique, conscience phonique, conscience segmentale.
Notes: 1. La conscience phonologique et l'apprentissage de la lecture se développent en interaction: la conscience phonémique favorise un apprentissage efficace de la lecture et l'apprentissage de la lecture alphabétique contribue au développement de la conscience phonémique.

2. La conscience phonémique est la forme de conscience phonologique qui porte sur les phonèmes.

3. VA. Habileté métaphonologique.

DÉCHIFFRAGE (n.m.)

Reconnaissance des mots écrits, au stade alphabétique, par l'utilisation laborieuse des règles de correspondance graphème-phonème.

Notes: 1. Ce déchiffrage laborieux existe au début de l'apprentissage de la lecture par les méthodes synthétiques et persiste aussi chez le mauvais lecteur.

2. Le déchiffrage oralisé, ou l'oralisation, est une activité mécanique de transformation de signes écrits en signes sonores sans souci de compréhension.

3. Il est important de différencier le déchiffrage de l'assemblage phonologique dans la mesure où ce dernier correspond à une procédure d'assemblage automatisée en partant des morphèmes, c'est-à-dire de plusieurs lettres.

4. VA. Méthode synthétique.

VA. Règles de correspondance graphème-phonème.

DÉCODAGE (n.m.)

Identification experte des mots écrits, au stade orthographique, grâce à l'utilisation des procédures d'adressage et/ou d'assemblage.

Syn. Décodage orthographique.

Note: VA. Identification.

VA. Procédure d'adressage.

VA. Procédure d'assemblage.

VA. Stade orthographique.

DÉCODAGE PHONOLOGIQUE (s.m.)

Reconnaissance experte des mots écrits, au stade alphabétique, grâce à l'emploi des règles de correspondance graphème-phonème, utilisées de manière automatique.

Syn. Assemblage phonologique, décodage séquentiel.

Notes: 1. Le décodage phonologique succède au déchiffrage et continue à être utilisé par le lecteur expérimenté pour lire des non-mots ou des séquences écrites nouvelles.

2. VA. Identification des lettres.

VA. Règles de correspondance graphème-phonème.

VA. Stade alphabétique.

EMPAN DE LECTURE (s.m.)

Intervalle entre la fixation et l'articulation, dans la lecture à voix haute, permettant à l'esprit de saisir et d'interpréter une grande unité de signification avant que la voix ne doive l'exprimer.

Syn. Écart oculo-vocal, écart oeil-voix, empan oeil-voix.

Notes: 1. L'empan de lecture permet de lever l'ambiguïté des homographes non homophones. (Ex.: les poules du *couvent couvent* leurs oeufs.)

2. VA. Fixation.

VA. Lecture à voix haute.

EMPAN VISUEL (s.m.)

Etendue de la ligne, perçue au cours du balayage visuel, et située autour du point de fixation.

Syn. Champ visuel effectif, champ visuel fonctionnel, empan perceptif, empan de visibilité.

Notes: 1. L'empan visuel est asymétrique.
2. D'après Rayner, il serait composé de trois zones: une zone fovéale, une zone parafovéale et une zone périphérique.
3. L'empan visuel augmente avec le niveau de lecture.
4. L'empan visuel dépasse largement la taille moyenne d'une saccade.
5. VA. Balayage visuel.
VA. Fixation.
VA. Saccade.

FIXATION (n.f.)

Temps d'immobilisation du regard, au cours du balayage visuel, sur un point entre deux saccades, pendant lequel a lieu la prise d'information.

Syn. Fixation oculaire, fixation visuelle, pause de fixation, pause.

Notes: 1. Les fixations prennent 90 % du temps de lecture, même si le lecteur a l'impression qu'il lit en parcourant le texte de manière continue.
2. La fréquence des mots influence les temps de fixation.
3. La durée de la fixation est «affectée par la difficulté du traitement syntaxique et sémantique». (MORAIS, 1994)
4. Selon Mitchell, Rayner et Duffy, il existe un effet de débordement «où le temps de fixation d'un mot semble être au moins partiellement lié à la difficulté du mot qui le précède.»
5. Le point de fixation désigne l'endroit précis d'arrêt du mouvement oculaire.
6. La durée du regard est la «somme de la durée de toutes les fixations effectuées sur un même mot.» (ZAGAR, 1992)
7. VA. Saccade.
VA. Balayage visuel.

FUSION SYLLABIQUE (s.f.)

Procédure d'assemblage séquentiel des phonèmes en vue de reconstituer la représentation phonologique du mot.

Syn. Assemblage phonémique, assemblage phonétique, assemblage phonologique, fusion phonologique.

Note: VA. Représentation phonologique.
VA. Procédure d'assemblage.

HABILETE MÉTAPHONOLOGIQUE (s.f.)

Ensemble des capacités qui interviennent dans la procédure d'assemblage, et qui concerne l'analyse consciente des unités phonologiques constitutives du discours oral.

Notes: 1. L'habileté métaphonologique a fait l'objet de nombreuses études expérimentales, ces dernières années. Il s'avère que les habiletés métalinguistiques, dont les habiletés métaphonologiques, semblent primordiales dans l'accès à l'écrit et se révèlent être associées à l'apprentissage efficace de la lecture. Prendre conscience des caractéristiques formelles du langage, comme la structure phonémique, permet de développer des connaissances explicites sur le langage qui, à leur tour, permettent un apprentissage efficace de la lecture.

2. Elle se développe au moment où l'enfant est mis en présence du code alphabétique et peut être exercée en parallèle à l'apprentissage de la lecture.
3. VA. Procédure d'assemblage.

IDENTIFICATION DU MOT (s.f.)

Mécanisme cognitif spécifique de la lecture consistant à reconnaître d'emblée le pattern écrit du mot mémorisé antérieurement.

Notes: 1. La plupart des auteurs emploient indistinctement 'identification' et 'reconnaissance'. Certains établissent une nuance: le terme 'reconnaissance' étant utilisé dans le sens d'une identification experte.
2. L'identification d'un mot suppose de le distinguer de tous les autres mots de la langue et, en particulier, de ceux qui partagent avec lui des propriétés orthographiques et phonologiques.
3. VA. Mécanisme cognitif spécifique.

INDICES EXTERNES (s.m.)

Ensemble d'éléments, extérieurs au patron graphique du mot écrit (couleur, dessin,...) qui permet son identification contextuelle par l'enfant au stade logographique.

Note: VA. Stade logographique.
VA. Identification du mot.

INDICES INTERNES (s.m.)

Ensemble d'éléments, constitutifs du patron du mot écrit, qui permet son identification par l'enfant au stade logographique.

Syn. Indices graphiques.
Notes: 1. Ces indices sont, par exemple, la présence de hampes, de jambages, la longueur des mots...
2. Ces indices sont choisis de manière arbitraire par l'enfant.
3. Il n'y a aucune analyse au niveau submorphémique. «Si l'on remplace le premier «P» de «Pepsi» par un «X», tout en respectant l'allure générale du mot (calligraphie, couleur, etc), les enfants supposés faire de la lecture logographique continuent à l'identifier comme «Pepsi» et surtout ne s'aperçoivent pas du changement intervenu.» (Alegria, 1989).
4. VA. Idenfication du mot.
VA. Stade logographique.

LECTURE (n.f.)

Habileté mentale complexe présentant deux composantes distinctes: d'une part, les processus de décodage qui rendent possible l'identification des mots écrits à partir de l'analyse des traits visuels et, d'autre part, les processus d'intégration syntaxique et sémantique liés à la compréhension et à l'interprétation d'unités linguistiques plus larges: phrases, énoncés ou textes.

Syn. Activité lexique, compétence lexique.
Notes: 1. On distingue lecture à voix haute, lecture oralisée et lecture silencieuse.
2. Seuls les processus d'identification des mots écrits sont spécifiques au langage écrit.
3. VA. Décodage.
VA. Identification.
VA. Lecture à voix haute.
VA. Lecture oralisée.
VA. Lecture silencieuse.

LECTURE ORALISÉE (s.f.)

Type de lecture avec émission de voix, dans laquelle le lecteur n'accède pas au sens.

Note: L'exemple classique est celui d'un lecteur oralisant un texte dans une langue qui lui est inconnue.

LECTURE SILENCIEUSE (s.f.)

Type de lecture se faisant sans émission de voix.

Syn. Lecture mentale.
Note: La lecture silencieuse est le fait du lecteur expert.

LECTURE À VOIX HAUTE (s.f.)

Type de lecture maîtrisée dans laquelle le lecteur comprend le texte et qui permet, par l'usage de l'intonation et de la ponctuation, l'accès au sens chez l'auditeur.

LEXIQUE FONCTIONNEL (s.m.)

Ensemble des représentations variables des mots écrits, mis en place au stade alphabétique.

Notes: 1. Grâce à l'utilisation de plus en plus performante de la procédure d'assemblage, les représentations variables du lexique fonctionnel deviendront précises.
2. Le lexique mental se substituera au lexique fonctionnel.
3. VA. Lexique mental.
VA. Procédure d'assemblage.
VA. Représentation précise.
VA. Représentation variable.
VA. Stade alphabétique.

LEXIQUE MENTAL (s.m.)

Ensemble de représentations mémorisées complètes et stables – tant orthographiques, sémantiques, phonologiques que syntaxiques – des mots rencontrés par écrit.

Syn.   Dictionnaire mental, lexique interne.
Notes: 1. «L'effet de fréquence est considéré comme une propriété spécifique de l'activation des entrées lexicales.» (ZAGAR, 1992)
2. Le lexique mental comporte plusieurs entrées.
3. Le lexique mental se constitue en fonction des expériences de lecture. Il sera donc différent d'une personne à l'autre.
4. Il existe deux voies d'accès au lexique mental: une voie indirecte d'ordre phonologique et une voie directe visuelle, orthographique.
5. VA. Voie directe.
  VA. Voie indirecte.

LEXIQUE ORTHOGRAPHIQUE D'ENTRÉE (s.m.)

Ensemble de représentations mémorisées de la forme orthographique des mots, utilisé dans la procédure d'adressage pour l'identification des mots écrits.

Syn.   Système d'entrée visuel des logogènes (chez Morton uniquement).
Notes: 1. Le lexique orthographique se construit grâce à la procédure d'assemblage.
2. VA. Représentation orthographique.
  VA. Procédure d'adressage.
  VA. Identification.

LEXIQUE PHONOLOGIQUE DE SORTIE (s.m.)

Ensemble de représentations mémorisées de la forme sonore des mots, exploité dans la procédure d'adressage pour la lecture à voix haute des mots écrits.

Syn.   Système de sortie des logogènes (chez Morton uniquement).
Note: VA. Procédure d'adressage.
  VA. Lecture à voix haute.

LEXIQUE VISUEL (s.m.)

Ensemble de patrons visuels globaux des mots dont la signification a été apprise par cœur au stade logographique.

Syn.   Lexique logographique, vocabulaire visuel.
Notes: 1. Certains auteurs utilisent le terme de vocabulaire visuel dans le sens de lexique orthographique.
2. VA. Lexique orthographique.
  VA. Stade logographique.

MÉMOIRE DE TRAVAIL (s.f.)

Rétention à court terme des séquences graphémiques isolées au cours de la procédure d'assemblage.

Syn.   Mémoire à court terme.
Notes: 1. Après avoir isolé les différents graphèmes du mot grâce à la segmentation phonémique, le lecteur associe à chacun d'eux un phonème par l'application des règles de correspondance graphème-phonème. La séquence de phonèmes

ainsi trouvée est gardée dans la mémoire de travail durant le temps nécessaire à la fusion syllabique.
2. VA. Procédure d'assemblage.
VA. Segmentation graphémique.
VA. Règles de correspondance graphème-phonème.
VA. Fusion syllabique.

MÉMOIRE TAMPON PHONÉMIQUE (s.f.)

Mémoire temporaire utilisée dans la procédure d'adressage où les phonèmes d'un mot transitent depuis le moment de leur récupération jusqu'à celui de la prononciation du mot.

Syn.   Buffer phonémique, buffer phonologique, mémoire tampon phonologique.
Notes: 1. Quoique le terme «buffer» soit une transposition de l'anglais, il est fréquemment utilisé par les auteurs francophones.
      2. VA. Procédure d'adressage.
         VA. Prononciation du mot.

MÉTHODE ALPHABÉTIQUE (s.f.)

Méthode synthétique d'apprentissage de la lecture utilisant comme point de départ les unités non-signifiantes de l'alphabet.

Syn.   Méthode d'épellation.
Notes: 1. Elle constitue la méthode la plus ancienne. Déjà utilisée chez les Grecs et les Romains, on la retrouve au Moyen-Age et elle est encore appliquée au XIXème siècle.
      2. La grande critique formulée à son égard est que le nom des lettres de l'alphabet ne correspond pas à la valeur phonétique de ces mêmes lettres dans les mots.
      3. Cette méthode n'est, actuellement, que peu, voire plus utilisée.
      4. VA. Méthode synthétique.
         VA. Unités non-signifiantes.

MÉTHODE ANALYTIQUE (s.f.)

Méthode d'apprentissage de la lecture qui part d'unités signifiantes, tels un mot, une phrase ou un récit, pour en extraire les unités non-signifiantes que sont les graphèmes.

Syn.   Approche inductive, conception idéographique de l'acte de lire, méthode globale, méthode idéo-visuelle, méthode fonctionnelle.
Notes: 1. La méthode analytique est inopérante lorsqu'il s'agit d'identifier des mots rencontrés pour la première fois par écrit.
      2. Les méthodes analytiques ne partent jamais des unités non-signifiantes mais elles y aboutissent nécessairement. L'enfant doit, dans un deuxième temps, associer les unités non-signifiantes, découvertes par son analyse, pour construire de nouvelles unités signifiantes.
      3. Ces méthodes font appel à l'expérience vécue de l'enfant et à son potentiel verbal. Elles exigent un travail personnel d'analyse et d'imagination. Elles insistent, dès le début, sur la compréhension qui constitue le but de la lecture.
      4. VA. Méthode des mots.
         VA. Méthode des phrases.

VA. Méthode des récits.
VA. Unité signifiante.
VA. Unité non-signifiante.

MÉTHODE GESTUELLE (s.f.)

Méthode synthétique d'apprentissage de la lecture utilisant comme point de départ des unités non-signifiantes (phonèmes et syllabes) auxquelles on adjoint un geste, favorisant la perception et la mémorisation des graphèmes.

Syn.   Méthode phonomimique.
Notes: 1. Les deux méthodes gestuelles les plus connues sont: «Jean qui rit» de Mlle Lemaire et la méthode mise au point par Mme Borel-Maisonny.
  2. La «phonomimie» est le principe de base de ces méthodes. Elle consiste à associer un geste symbolique pour chaque phonème que l'on souhaite représenter.
  3. D'après A.Dehant, «l'avantage de ces gestes ne se limite pas uniquement à servir d'intermédiaire utile à l'identification du son et du signe mais, en plus, ils rappellent constamment l'ordre de la lecture. En effet, l'ordre d'écoulement des sons, à la fois dans le temps et dans l'espace, est bien respecté.»
  4. VA. Méthode synthétique.
     VA. Unités non-signifiantes.

MÉTHODE MIXTE (s.f.)

Méthode d'apprentissage de la lecture dont la démarche est double: à la fois synthétique et analytique.

Notes: VA. Méthode analytique.
  VA. Méthode synthétique.

MÉTHODE DES MOTS (s.f.)

Méthode analytique d'apprentissage de la lecture utilisant comme point de départ les unités signifiantes que sont les mots de la langue.

Notes: 1. L'élève retient globalement les mots d'après leur forme caractéristique. Afin de faciliter leur mémorisation, ils sont souvent associés à une image et intégrés dans des phrases.
  2. Il s'agit d'attirer progressivement l'attention de l'élève sur les éléments (phonèmes, syllabes) qu'il a appris, pour lui permettre de déchiffrer des mots nouveaux.
  3. Une variante de cette méthode est celle dite des «mots fondamentaux» qui consiste à présenter dès le début un certain nombre de mots déterminés, comportant les phonèmes essentiels de la langue.
  4. VA. Méthode analytique.
     VA. Unité signifiante.

MÉTHODE PHONÉTIQUE (s.f.)

Méthode synthétique d'apprentissage de la lecture utilisant comme point de départ les unités non-signifiantes que sont les phonèmes de la langue.

Notes: 1. L'enfant n'apprend pas, dans un premier temps, les lettres de l'alphabet, mais le son émis par les phonèmes en les articulant.
2. Une fois connus, les phonèmes correspondant aux différentes lettres sont associés en syllabes, en mots, en phrases.
3. En général, les voyelles sont apprises les premières.
4. VA. Méthode synthétique.
   VA. Unité non-signifiante.

MÉTHODE DES PHRASES (s.f.)

Méthode analytique d'apprentissage de la lecture utilisant comme point de départ les unités signifiantes que sont les phrases.

Notes: 1. Si la phrase est l'unité linguistique naturelle de la parole, elle l'est aussi pour la lecture. Elle exprime en effet des idées complètes que sont les unités de pensée.
2. Dans cette méthode, les élèves, à la suite d'observations ou de discussions menées par le maître, émettent une phrase qui est écrite au tableau et lue globalement. En cours d'année, les élèves, selon un rythme personnel ou non (suivant que cette analyse a été dirigée ou non), distinguent des groupes de mots dans la phrase, des mots dans ces groupes, des syllabes dans ces mots pour aboutir finalement au phonème.
3. VA. Méthode analytique.
   VA. Unité signifiante.

MÉTHODE DU RÉCIT (s.f.)

Méthode analytique d'apprentissage de la lecture utilisant comme point de départ les unités signifiantes qui constituent un récit complet.

Notes: 1. Cette méthode utilise comme unité de base de l'analyse le récit parce qu'il habitue l'enfant à prendre en compte l'unité de pensée la plus large. L'élève est exercé à saisir le lien logique existant entre les différents éléments du récit.
2. Le processus d'analyse est identique à celui de la méthode des phrases.
3. VA. Méthode analytique.
   VA. Méthode des phrases.
   VA. Unité signifiante.

MÉTHODE SYLLABIQUE (s.f.)

Méthode synthétique d'apprentissage de la lecture utilisant comme point de départ les unités non-signifiantes constituées par les syllabes.

Note: VA. Méthode synthétique.
   VA. Unité non-signifiante.

MÉTHODE SYNTHÉTIQUE (s.f.)

Méthode d'apprentissage de la lecture consistant à apprendre à l'enfant les unités non-signifiantes de la langue et à les combiner ensuite pour reconstituer la prononciation des mots.

Syn.   Méthode phonique, conception phonético-graphique de l'acte de lire.
Notes: 1.   La méthode synthétique se base sur deux grands principes:
– aller du simple au complexe, c'est-à-dire partir des éléments (la lettre, le phonème, la syllabe) pour arriver au sens (le mot, la phrase, le récit).
– les automatismes de la lecture sont acquis par des associations répétées. L'enfant est soumis à un réel conditionnement qui l'amène à déchiffrer des signes graphiques, indépendamment, du moins au début, de la signification que ces signes peuvent véhiculer.
2.   Ces méthodes favorisent une acquisition rapide des mécanismes de lecture et aident à développer les habiletés métaphonologiques.
3.   VA. Unité non-signifiante.
VA. Habileté métaphonologique.

MODÈLE BOTTOM-UP (s.m.)

Modèle de traitement de l'information lexique selon lequel les processus d'identification précèdent la compréhension qui implique des processus de haut niveau..

Syn.   Conception ascendante de la lecture, modèle ascendant, modèle dirigé par données.
Notes: 1.   Le lecteur est entièrement dépendant du texte.
2.   Les traitements s'effectuent séquentiellement.
3.   La reconnaissance des lettres, des syllabes et des mots précède la compréhension. Ce modèle de l'acte de lire est qualifié d' «ascendant» (bottom-up ou de bas en haut) parce que le lecteur est entièrement dépendant du texte qui se trouve sous ses yeux et le mouvement qui s'opère est ascensionnel (de la page vers la tête du lecteur qui la surplombe).
4.   VA. Identification.
VA. Compréhension.

MODÈLE INTERACTIF (s.m.)

Modèle composite de traitement de l'information lexique postulant la mise en jeu des processus ascendants ou descendants selon que le degré d'information contextuelle est faible ou non.

Syn.   Modèle à interactions restreintes.
Notes: 1.   Durant la lecture, il y a de perpétuelles interactions entre le texte et le lecteur. Ce dernier utiliserait les procédures bottom-up lorsque le contexte apporte peu d'information. A l'inverse, les procédures top-down interviennent lorsque l'information contextuelle est importante.
2.   VA. Modèle bottom-up.
VA. Modèle top-down.

MODÈLE TOP-DOWN (s.m.)

Modèle de traitement de l'information lexique selon lequel la compréhension précède ou guide l'identification des mots écrits.

Syn.   Conception descendante de la lecture, modèle descendant.
Notes: 1.   Selon ce modèle, l'essentiel de l'activité de lecture consiste à prévoir ce qui est écrit dans le texte.
2.   VA. Identification.
VA. Anticipation.

MOUVEMENT OCULAIRE (s.m.)

Mécanisme physiologique spécifique caractérisé par le déplacement du regard dans un sens déterminé.

Notes: 1. Dans notre écriture alphabétique, le mouvement oculaire s'effectue le plus souvent de la gauche vers la droite (saccade).
2. Ce mouvement n'est pas inné, mais acquis au moment de l'apprentissage de la lecture.
3. VA. Saccade.
VA. Régression.

PATRON VISUEL (s.m.)

Ensemble des indices internes du mot écrit, reconnus par l'enfant au stade logographique qui lui permet d'identifier la structure visuelle globale du mot.

Note: VA. Indice interne.
VA. Stade logographique.

PRINCIPE ALPHABÉTIQUE (s.m.)

Elément de base, intervenant au niveau de l'habileté métaphonologique, permettant à l'apprenti lecteur d'associer les lettres de l'alphabet à un correspondant phonémique.

Notes: 1. La mise en contact de l'enfant avec le principe alphabétique va rendre plus explicite l'existence des unités minimales du langage parlé: les phonèmes.
2. Une interaction réciproque entre conscience phonologique et principe alphabétique s'observe: plus ce dernier est maîtrisé, plus les connaissances phonémiques deviennent explicites et réflectives. Inversement, la conscience phonologique favorise l'intégration du principe alphabétique.
3. VA. Habileté métaphonologique.
VA. Conscience phonologique.

PROCÉDURE D'ADRESSAGE (s.f.)

Processus spécifique d'identification consistant à apparier le mot écrit à une représentation orthographique (stockée dans le lexique orthographique d'entrée) qui permet, après avoir accédé à la signification, de récupérer le code phonologique correspondant (stocké dans le lexique phonologique de sortie).

Syn. Adresse (= rare), lecture visuelle, procédure lexico-sémantique, procédure / stratégie orthographique, voie directe, voie lexicale, voie orthographique, voie par adressage, voie visuelle.

Notes: 1. La procédure d'adressage permet la lecture des mots irréguliers (ex.: monsieur, chorale) et la reconnaissance d'homophones non homographes (ex.: ver, verre, vers, vert).
2. Selon Sprenger-Charolles et al (1994), il s'agit d'une procédure lexicale puisqu'elle traite des éléments qui ont un sens, tels des mots ou des morphèmes.
3. Elle est caractéristique du stade orthographique.

4. VA. Lexique orthographique.
   VA. Lexique phonologique.
   VA. Stade orthographique.
   VA. Représentation orthographique.

PROCÉDURE ANALOGIQUE (s.f.)

Processus spécifique d'identification des mots écrits utilisant les règles de correspondance orthographe-phonologie.

Syn. Lecture analogique, traitement analogique.
Notes: VA. Règles de correspondance orthographe-phonologie.
  VA. Identification.

PROCÉDURE D'ASSEMBLAGE (s.f.)

Processus spécifique d'identification des mots écrits qui s'effectue grâce à la maîtrise de la segmentation graphémique, des habiletés métaphonologiques et de la fusion syllabique.

Syn. Assemblage phonologique, lecture auditive, lecture phonologique par CGP (correspondance graphème-phonème), médiation phonologique, phonologie assemblée, procédure alphabétique, traitement grapho-phonologique, voie auditive, voie extra-lexicale, voie indirecte, voie indirecte graphème-phonème, voie non-lexicale, voie phonique, voie phonologique.
Notes: 1. Cette procédure est générative: elle permet d'identifier les mots rencontrés pour la première fois par écrit, et aussi de prononcer les pseudo-mots.
  2. L'assemblage est différent du déchiffrage: ce dernier est le fait de l'apprenti-lecteur tandis que la procédure d'assemblage est utilisée par le lecteur expert.
  3. Cette procédure est caractéristique du stade alphabétique.
  4. VA. Fusion syllabique.
  VA. Identification.
  VA. Habiletés métaphonologiques.
  VA. Segmentation graphémique.
  VA. Règles de correspondance graphème-phonème.

PROCÉDURE LOGOGRAPHIQUE (s.f.)

Processus spécifique d'identification de mots écrits se basant sur la reconnaissance d'un patron visuel dont la signification a été apprise par cœur.

Syn. Identification logographique, lecture logographique, lecture par indices visuels, procédure de prélecture, procédure de traitement pictural des mots, pseudo-lecture, stratégie d'approximation visuelle.
Notes: 1. Il y a «absence totale de référence à la parole au niveau submorphémique et les rapports entre le mot écrit et sa signification sont entièrement arbitraires.» (ALEGRIA, 1989.).
  2. La procédure logographique permet la reconnaissance d'un nombre relativement restreint de mots et elle ne permet pas de lire les mots qui n'ont jamais été rencontrés auparavant sous leur forme écrite.

PRONONCIATION DU MOT (s.f.)

Etape ultime de la procédure d'adressage qui, suite au traitement phoné-mique du mot, permet l'émission orale de celui-ci.

Note: VA. Procédure d'adressage.

RÈGLES DE CORRESPONDANCE GRAPHÈME-PHONÈME (s.f.pl.)

Composante de l'habileté métaphonologique permettant la prononciation d'un mot écrit en associant un phonème à chacun de ses graphèmes.

Syn. Cipher orthographique, correspondance graphie-phonie, règles de codage gra-phème-phonème, règles de conversion graphème-phonème, règles de correspon-dance grapho-phonologique, règles de transcription au niveau des phonèmes.

Notes: 1. Ce syntagme est fréquemment rencontré sous la forme abrégée «CGP».
2. Les règles de correspondance graphème-phonème sont stockées en mémoire à long terme.
3. Elles sont l'une des composantes cognitives de la procédure d'assemblage.
4. Elles peuvent être simples: à un graphème donné correspond toujours le même phonème (ex.: /b/ = [b]). Ou complexes: à un graphème donné peu-vent correspondre plusieurs phonèmes selon le contexte orthographique. (ex.: /g/ = [g] ou [ʒ] selon la voyelle qui suit).
5. Notons également que des graphèmes différents peuvent correspondre à un même phonème (ex. [s] dans savon, ciel, attention).
6. Les règles de correspondance graphème-phonème ne peuvent pas s'appliquer aux mots irréguliers.
7. VA. Procédure d'assemblage.
   VA. Habileté métaphonologique.

RÈGLES DE CORRESPONDANCE ORTHOGRAPHE-PHONO-LOGIE (s.f.)

Ensemble de conventions phonologiques apparaissant au stade orthogra-phique et portant sur des unités intermédiaires entre le mot et le gra-phème.

Notes: 1. Il y aurait des correspondances orthographe-phonologie – COP- qui seraient prises en compte en plus des correspondances graphie-phonie – CGP.
2. COP est la forme abrégée de ce syntagme.
3. Exemple: pour identifier le mot 'jouette', le lecteur assemblera la représenta-tion orthographique qu'il aurait du mot 'joue' à celle du morphème 'ette' pré-sent dans le mot 'fillette'.
4. VA. CGP.
   VA. Règles de correspondance graphème-phonème.
   VA. Stade orthographique.

RÉGRESSION (n.f.)

Mouvement oculaire qui s'effectue de droite à gauche lors de la lecture dans un système d'écriture alphabétique.

Syn. Saccade de régression.

Notes: 1. Les régressions sont plus probables quand le mot fixé est incompatible avec l'analyse préalable de la phrase et entraîne donc une réévaluation de celle-ci.
2. VA. Mouvement oculaire.

REPRÉSENTATION ORTHOGRAPHIQUE (s.f.)

Patron visuel, utilisé dans la procédure d'adressage, reprenant toutes les informations orthographiques d'un mot.

Notes: 1. Les représentations orthographiques sont stockées dans le lexique orthographique.
2. «La représentation orthographique serait une représentation où non seulement une prononciation est associée à un patron visuel – ceci est aussi le cas de la représentation logographique – mais où des parties du patron visuel sont systématiquement associées à des unités phonologiques (syllabiques ou sous-syllabiques).»
3. VA. Procédure d'adressage.

REPRÉSENTATION PHONOLOGIQUE (s.f.)

Patron auditif utilisé dans la procédure d'adressage reprenant toutes les informations phonologiques du mot.

Syn. Représentation phonique.
Notes: 1. Une fois la représentation phonologique retrouvée, elle doit être traitée c'est-à-dire recevoir une interprétation phonétique qui se traduira par un programme moteur et permettra au sujet d'articuler le nom de l'objet.
2. VA. Procédure d'adressage.

REPRÉSENTATION PRÉCISE (s.f.)

Elément constitutif du lexique mental, caractéristique du stade orthographique, qui conduit à la reconnaissance d'un mot donné et d'aucun autre au départ d'une orthographe donnée.

Syn. Représentation fonctionnelle.
Notes: VA. Lexique mental.
VA. Stade orthographique.

REPRÉSENTATION VARIABLE (s.f.)

Elément constitutif du lexique fonctionnel, caractéristique du stade alphabétique, ne reprenant qu'une partie des informations orthographiques du mot écrit.

Notes: 1. Les représentations variables sont stockées dans le lexique fonctionnel.
2. VA. Lexique fonctionnel.
VA. Stade alphabétique.

RIME (n.f.)

Unité intrasyllabique constituée par la partie terminale de la syllabe qui regroupe le noyau vocalique et la coda.

Notes: 1. Ce terme ne doit pas être confondu avec le mot 'rime' utilisé dans le langage courant.
2. VA. Attaque.
VA. Coda.
VA. Unité intrasyllabique.

SACCADE (n.f.)

Mouvement oculaire très rapide, sans prise d'information, qui intervient entre deux fixations successives.

Syn. Bond, saccade directe, saccade oculaire.
Notes: 1. Zagar (1992) différencie la saccade de progression, la saccade de régression et la saccade de retour à la ligne.
2. VA. Fixation.
VA. Mouvement oculaire.

SEGMENTATION GRAPHÉMIQUE (s.f.)

Etape de la procédure d'assemblage permettant le découpage du mot écrit en segments minimaux de longueur variable (monogramme, digramme, trigramme,...) qui correspondent chacun à un phonème.

Notes: 1. La segmentation graphémique est la première composante cognitive intervenant dans la procédure d'assemblage.
2. VA. Procédure d'assemblage.

STADE ALPHABÉTIQUE (s.m.)

Stade du développement de la lecture au cours duquel l'apprenti lecteur, confronté au code alphabétique, met en place la procédure d'assemblage.

Notes: 1. Au stade alphabétique, les enfants construisent une voie indirecte pour accéder au lexique mental et ainsi l'enrichir.
2. VA. Lexique orthographique.
VA. Procédure d'assemblage.

STADE LOGOGRAPHIQUE (s.m.)

Stade du développement de la lecture où l'enfant ne dispose de rien d'autre pour identifier les mots que de la mémorisation de leurs caractéristiques visuelles.

Notes: 1. C'est le stade le plus primitif de l'acquisition de la lecture.
2. Tous les enfants ne passent pas nécessairement par ce stade.
3. Au stade logographique, l'enfant reconnaît instantanément les mots qu'on lui présente à lire, sur la base de leurs caractéristiques graphiques: la longueur du mot, sa première lettre, ou encore n'importe quelle lettre ou combinaison de lettres dans celui-ci.

STADE ORTHOGRAPHIQUE (s.m.)

Stade ultime du développement de la lecture dans lequel sont utilisées la procédure d'adressage et/ou la procédure d'assemblage selon les variables psycholinguistiques des mots rencontrés par le lecteur.

Notes: 1. Le lecteur parvenu à ce stade est qualifié d'expert.
2. Les variables psycholinguistiques du mot écrit peuvent être la longueur, la fréquence, la régularité et la complexité.
3. Au stade orthographique, l'enfant peut reconnaître instantanément certains morphèmes ou certaines parties du mot, en s'appuyant sur l'ordre des lettres, mais pas nécessairement sur leur sonorité.
4. VA. Procédure d'adressage.
   VA. Procédure d'assemblage.

SUBVOCALISATION (n.f.)

Caractéristique pouvant apparaître chez le lecteur non expert au cours de la lecture silencieuse qui lui fait articuler le mot écrit sans émettre de sons.

Note: VA. Lecture silencieuse.

SYNTHÈSE (n.f.)

Acivité mentale mise en jeu prioritairement par l'enfant dans les méthodes synthétiques d'apprentissage de la lecture, qui implique une fusion des unités non-signifiantes en unités signifiantes.

Note: VA. Méthode synthétique.
            VA. Unité non-signifiante.
            VA. Unité signifiante.

SYSTÈME SÉMANTIQUE (s.m.)

Ensemble structuré des significations des mots de la langue auquel le lecteur fait appel au cours de la procédure d'adressage.

Notes: 1. Seule la représentation orthographique permettra d'atteindre la signification d'un terme dans le système sémantique. Celui-ci va activer une représentation phonologique stockée dans le lexique phonologique.
2. VA. Procédure d'adressage.
   VA. Représentation orthographique.
   VA. Représentation phonologique.
   VA. Lexique phonologique.

SYSTÈME SÉMANTIQUE PICTURAL (s.m.)

Association, au stade logographique, des images visuelles des mots écrits à leurs correspondants oraux en dehors de tout traitement linguistique.

Notes: 1. L'enfant accède à la signification du mot par ce système sémantique pictural, appelé ainsi en référence au «système sémantique» auquel le lecteur expert fait appel au cours de la procédure d'adressage.
2. VA. Stade logographique.
   VA. Système sémantique.
   VA. Procédure d'adressage.

UNITÉ INTRASYLLABIQUE (s.f.)

Elément graphémique de taille intermédiaire entre celle de la syllabe et celle des graphèmes, reconnue par le lecteur lors du décodage phonologique.

Syn.   Unité infra-syllabique.
Notes: 1. Il y a deux sortes d'unités intrasyllabiques: l'attaque et la rime.
         2. VA. Attaque.
           VA. Décodage phonologique.
           VA. Rime.

UNITÉ NON-SIGNIFIANTE (s.f.)

Elément linguistique, non doté de sens, qui sert de point de départ à l'apprentissage de la lecture par les méthodes synthétiques.

Notes: 1. Ces unités non-signifiantes peuvent être la lettre, le phonème ou la syllabe.
         2. VA. Méthode synthétique.

UNITÉ SIGNIFIANTE (s.f.)

Elément lingustique doté de sens qui sert de point de départ à l'apprentissage de la lecture par les méthodes analytiques.

Notes: 1. Ces unités signifiantes peuvent être le mot, la phrase ou le récit.
         2. VA. Méthode analytique.

L'écriture

Développement normal

«L'écriture naît du corps
par et en sa rencontre avec autrui.»
(Christine Comin)
(dans «L'échec en écriture: comment y répondre».)

- J'écris
- Je pense
- Je suis.

Plaisir de laisser une trace de soi, très tôt découvert par l'enfant qui dessine avec le doigt des lignes et des courbes dans sa purée refroidie; elle n'est plus un aliment pour sa faim rassasiée; elle devient un support sur lequel il prend plaisir à graver son empreinte.

L'écriture: une histoire.

L'écriture est une découverte relativement récente dans l'histoire de l'humanité. Elle a permis de transmettre, plus fidèlement que la tradition orale, les cultures et les civilisations qui nous ont précédés.

L'écriture a déjà une longue histoire, jalonnée par l'éclosion de plusieurs systèmes utilisant des signes graphiques très différents dans leur forme et leur contenu représentatif (pictogramme, idéogramme, phonogramme). Notre système alphabétique est basé sur le principe du phonogramme qui permet à un signe graphique de représenter une sonorité du langage. Cette découverte, qui remonte aux Grecs, a permis à l'écriture de faire l'économie d'un nombre important de signes différents rendant ainsi son apprentissage plus accessible au commun des mortels.

L'écriture et ses composantes.

Le terme «écriture» en français désigne un ensemble d'activités et chacune d'entre elles contribue à l'expression écrite, vecteur de communication, qui défie l'espace et le temps.

«Il écrit bien» peut revêtir plusieurs significations: geste graphique souple et harmonieux, orthographe maîtrisée et sûre ou encore expression aisée et claire de la pensée. A moins que ce ne soit les trois à la fois, chacune de ces composantes étant finalement indispensable pour faire de l'écriture un acte unique de création individuelle.

Nous ne nous attarderons pas, dans ce chapitre du moins, sur le geste graphique et son développement. Il est, bien sûr, primordial dans l'approche de l'écriture, mais la genèse de ce geste et les caractéristiques motrices qui font la richesse et l'originalité de chaque écriture sont plutôt du ressort du psychomotricien et du graphologue. Nous aborderons néanmoins la pathologie du geste graphique dans le chapitre consacré aux troubles de l'écriture car souvent, le logopède est confronté, dans sa pratique quotidienne, à ces perturbations du geste graphique qui accompagnent dans bien des cas les autres souffrances de l'écrit.

L'orthographe: objet d'étude.

L'orthographe, par contre, est une des préoccupations majeures des praticiens depuis que la logopédie a vu le jour. En Belgique, en tout cas, notre profession a d'emblée élargi son champ d'action à toutes les manifestations de communication de l'être humain. Les logopèdes ont donc très vite été sollicités pour traiter l'ensemble des troubles d'apprentissage, en ce compris la lecture et l'orthographe.

Ce vaste champ d'action exige de leur part une maîtrise personnelle et solide des subtilités orthographiques de leur langue maternelle. Cela peut paraître une évidence, mais nous sommes bien souvent confrontés, comme formateurs de logopèdes, à un paupérisme langagier en général et à des égarements orthographiques en particulier qui font frémir plus d'un spécialiste aguerri.

Cette assurance orthographique personnelle acquise, le logopède se doit de connaître et de comprendre les stades et les procédures d'acquisition qui jalonnent le développement de l'orthographe chez l'enfant. L'approche cognitive qui a permis de cerner les processus mentaux sous-jacents à la production écrite a donné un éclairage nouveau aux rééducateurs. Leur pratique en matière d'évaluation et de remédiation a été sensiblement modifiée depuis l'émergence de ces théories.

Une trace de vie.

Si ces ouvrages scientifiques présentent un intérêt indéniable pour comprendre intellectuellement ce que l'acte d'écrire anime comme mécanismes mentaux, pareils pour tous, ils ne doivent pas nous faire perdre de vue que chaque enfant s'approprie l'écrit à sa manière. La découverte de l'orthographe (d'usage et d'accord) est tributaire de ses expériences de vie, corporelles, spatiales, temporelles, langagières. Ecrire, et donc orthographier, est pour l'être humain, enfant ou adulte, une manifestation du vivre et du dire. On ne peut dire le monde qu'au travers d'une expérience de vie personnelle, positive et valorisante.

Il est souvent frappant de voir combien les apprentissages de la lecture et surtout de l'orthographe sont avant tout ressentis, par nos étudiants en logopédie, comme des activités scolaires, plus ou moins pénibles. Très peu font spontanément le lien avec le langage, la communication, et on est en droit de se demander comment les enseignants introduisent ces apprentissages dans l'espace de vie de la classe. Pourtant, l'apprentissage de l'orthographe couvre une bonne partie de la scolarité primaire et le début du secondaire. Les souvenirs qui s'y rattachent sont: les dictées, les auto-dictées (c'est assez récent!), les listes de mots à recopier, les conjugaisons à apprendre par cœur, mode par mode et temps par temps, les exercices sur les participes passés et les analyses grammaticales. Rien de bien envoûtant, avouons-le. Rares sont ceux – mais ils existent pourtant – qui prennent un réel plaisir à ces travaux, souvent vécus comme fastidieux. Il nous est parfois donné de rencontrer des élèves heureux, même dans cette démarche classique d'apprentissage du français. Ils s'amusent, à les entendre. Et ce n'est pas une joie feinte pour «ensorceler» le professeur. C'est un vrai plaisir, intensifié chez eux par la recherche personnelle dans le dictionnaire, tôt découvert comme «réservoir de mots», ou la grammaire qui n'est pas alors un instrument de tortures, mais un outil pour débusquer toutes les nuances possibles dans l'agencement des mots en phrases.

Ces amoureux de la langue sont malheureusement souvent des exceptions, vécus d'ailleurs par leurs petits camarades comme des «fadas», parfois victimes de quolibets dont ils ne tirent heureusement pas ombrage, la plupart du temps. Pourquoi n'arrive-t-on pas, dans l'enseignement fondamental – où, rappelons-le, l'heure n'est pas à la sélection – à susciter davantage de vocations d'écrivain. Car si «lire» rime encore pour beaucoup avec «plaisir», «écrire», par contre, s'accorde bien souvent avec «souffrir». Et même si cela ne tourne pas toujours à la catastrophe, nombreux sont ceux qui redoutent de prendre la plume, comme s'ils appréhendaient le jugement du maître qui n'attendrait, lui, que l'apparition des «fautes» pour conforter sa toute-puissance. Ecrire doit-il s'apprendre dans un rapport de forces?

Faute ou erreur.

Que celui qui n'a jamais fauté jette la première pierre!

Cette paraphrase évangélique nous fait aisément entrevoir le lourd poids de la faute dont le soulignage rouge venait marquer au fer de la même couleur les copies des élèves rétifs à la règle. Un trait rouge: faute vénielle (orthographe d'usage, souvent). Deux traits rouges parallèles: faute grave (orthographe grammaticale). Les unes pouvaient être réparées en recopiant trois ou cinq fois le mot fautif; les autres ne se voyaient amendées que par une justification en bonne et due forme.

On ne peut pas faire de fautes!

Mais, n'a-t-on pas droit à l'erreur?

Si l'erreur est humaine, la faute serait-elle diabolique?

D'aucuns diront que cette description est caricaturale, qu'elle remonte, sinon à la nuit des temps, du moins avant mai 68. Comment expliquer alors cette crainte, suffisamment répandue pour être presque généralisable, de l'expression écrite?

Un instituteur génial eut un jour l'idée de souligner en rouge tout ce qui était correct dans les copies de ses élèves, interrompant le trait pour marquer une erreur. Le but du «jeu» était d'arriver à avoir son texte entièrement strié de rouge. Le résultat ne se fit pas attendre: il avait renversé la vapeur et ses élèves arboraient fièrement leurs cahiers rougeoyants! Car s'il est difficile de n'avoir aucune erreur dans un texte écrit, il est assez aisé d'y trouver un nombre important de séquences graphiques correctes. Cette réelle valorisation du savoir de l'élève a été suivie d'une émulation extraordinaire. C'était à celui qui aurait le plus de rouge dans son cahier. Chacun s'efforçait donc, avec acharnement, à comprendre pourquoi et comment le trait rouge s'était interrompu.

La rencontre du sens.

L'orthographe doit être rendue au langage écrit au lieu d'en être dissociée par un apprentissage trop souvent formel, hors-sens. Le règne de la photocopie n'a sans doute fait que renforcer la valorisation de la forme. Il n'est pas rare, en effet, de voir les élèves nantis de feuilles volantes se pencher sur la problématique du pluriel des noms. Tout y est écrit, sauf les «s» et les «x» que l'enfant doit ajouter au hasard de sa réflexion ou de sa distraction! L'enfant ne doit même plus recopier les mots ou les phrases qui composent l'exercice. Il n'incorpore plus le mot écrit par le geste graphique; il ajoute des lettres qui perdent ainsi leur statut de pourvoyeuses de sens. Cette orthographe-là, prémâchée, n'a plus grand-chose à voir avec l'acte d'écriture, comme le décrit M. Audouard («L'échec en écriture: comment y répondre).

«A côtoyer la psychanalyse et la linguistique, les notions qu'elles véhiculent nous ont conduits à concevoir que l'acte d'écriture dépassait de beaucoup la simple retranscription, plus ou moins exacte, de ce que nous disions ou entendions. Tout cela allait bien au-delà d'un simple changement de code entre oral et écrit. Il s'agit maintenant pour nous que le rééducant puisse écrire – un/le cheval – en dépassant le formel «che-val», pour s'apercevoir que ce qui est apparu sur le papier est bien un cheval – celui qu'il a vu ou qu'il connaît ou qu'il imagine – et non pas seulement la juxtaposition de six lettres en deux syllabes plus ou moins bien formées, qui d'ailleurs dans leur simple succession n'ont jamais rien voulu dire aussi longtemps qu'elles n'évoquent rien.

A ce moment-là seulement, le rééducant pourra appréhender la fonction essentielle de l'écriture: donner un corps durable, une permanence, à ce qui est absent. Il pourra donc entrer de plain-pied dans ce que la fonction symbolique a d'ultime, et à partir de ce qui a pris corps, en s'appuyant sur la mise en conformité de la forme et du sens, aller du cheval à la course, de la course à la compétition, de la compétition au succès, à l'échec, au hasard, à la bonne ou mauvaise chance...

Ecrire deviendra alors l'un des moyens – pas le seul, loin de là – d'établir une relation relativement stable, parce que lisible, relisible et presque palpable entre soi, les autres et les choses.»

DÉVELOPPEMENT NORMAL DE L'ÉCRITURE

1. SYSTÈME D'ÉCRITURE

SIGNE GRAPHIQUE

   A. Pictogramme

   B. Idéogramme

   C. Phonogramme
      Système alphabétique
      Alphabet
         – Lettre

2. COMPOSANTES DE L'ÉCRITURE

   1. ASPECT MOTEUR

   Geste graphique

   2. ASPECT COGNITIF

   A. Orthographe
      1) Orthographe d'usage
         a. Graphèmes
         b. Signes diacritiques
         c. Morphogramme lexical
         d. Distribution complémentaire
         e. Homographe
         f. Logogramme
      2) Orthographe d'accord
         a. Relations morphosyntaxiques
         b. Morphogramme grammatical
         c. Morphonogramme

   B. Corpus écrit

3. DÉVELOPPEMENT DE L'ORTHOGRAPHE

   1. ETAPES ET PROCÉDURES D'ACQUISITION

   A. Gribouillis

   B. Dessin

C. *Production graphique non-fonctionnelle*

D. *Production graphique fonctionnelle*
   1) **Procédure logographique**
      a. Conscience visuographique
      b. Séquence logographique
         – Production visuographique
         – Procédure sémiographique
   2) **Procédure phonographique**
      a. Procédure épellative
      b. Procédure syllabique
         – lettre syllabe
      c. Procédure logo-syllabique
      d. Procédure phonogrammique
      e. Procédure logo-phonogrammique
      f. Procédure distributionnelle
      g. Procédure morphologique
   3) **Compétence orthographique**

2. APPROCHE COGNITIVE

   A. *Perception du stimulus sonore*

   B. *Analyse acoustique-phonétique*

   C. *Code phonologique*

   D. *Lexique phonologique*

   E. *Représentation phonologique*
      1) **Procédure orthographique d'adressage**
         Système sémantique
      2) **Procédure orthographique d'assemblage**
         a. Buffer phonologique
         b. Segmentation en phonèmes
         c. Conversion phonème-graphème
         d. Assemblage des graphèmes

   F. *Lexique orthographique*

   G. *Représentation graphémique*

   H. *Buffer graphémique*

   I. *Traitement post-graphémique*

   J. *Production écrite*

ALPHABET (n.m.)

Ensemble de signes graphiques, servant à la transcription des phonèmes d'une langue, possédant un système d'écriture alphabétique.

ANALYSE ACOUSTIQUE/PHONÉTIQUE (s.f.)

Etape cognitive effectuée sur la forme sonore d'un mot au cours de laquelle se réalise une étude des paramètres physiques de la structure orale qui aboutit à une représentation phonologique du mot.

Syn.   Traitement perceptif.
Notes: 1.   «Les modèles de l'orthographe et de l'écriture décrivent les processus mis en œuvre dans l'écriture sous dictée. Dans ce contexte, la première analyse effectuée sur un stimulus dicté portera sur ses caractéristiques acoustiques-phonétiques.»
2.   VA. Approche cognitive.
VA. Représentation phonologique.
VA. Orthographe – écriture.

ASSEMBLAGE DES GRAPHÈMES (s.m.)

Etape spécifique à la procédure orthographique d'assemblage au cours de laquelle le scripteur traduit en signes graphiques les éléments phonologiques segmentés.

Notes: 1.   L'assemblage des graphèmes est l'étape terminale de la procédure orthographique d'assemblage.
2.   VA. Procédure orthographique d'assemblage.

BUFFER GRAPHÉMIQUE (s.m.)

Etape cognitive spécifique à la production écrite, dont la fonction est de garder une trace des représentations graphémiques pendant le traitement post-graphémique et qui constitue l'aboutissement des procédures orthographiques d'assemblage et d'adressage.

Syn.   Mémoire tampon graphémique.
Notes: 1.   «Buffer» est un terme anglais. Cependant, il est fort utilisé dans la littérature par des neuropsychologues francophones.
2.   Dans cette mémoire de travail, la séquence des graphèmes est représentée de manière abstraite. La représentation contenue dans ce buffer spécifierait donc l'identité et l'ordre des graphèmes.
3.   VA. Représentation graphémique.
VA. Procédure orthographique d'adressage.
VA. Procédure orthographique d'assemblage.
VA. Graphème.
VA. Traitement post-graphémique.

BUFFER PHONOLOGIQUE (s.m.)

Etape cognitive intervenant dans la procédure orthographique d'assemblage et dont la fonction est de garder une trace des représentations phonologiques obtenues par analyse acoustique et phonétique.

Syn.   Mémoire tampon phonologique, mémoire auditivo-verbale.
Notes: 1. Le terme «buffer» est une notion anglaise mais utilisée dans la littérature par des neuropsychologues francophones.
2. La représentation issue de l'analyse acoustique-phonétique serait tout d'abord placée dans un buffer phonologique. Certains auteurs postulent l'existence d'un système de conversion du code phonétique en code phonologique avant le stockage de la représentation dans ce buffer.»
3. VA. Procédure orthographique d'assemblage.
   VA. Représentation phonologique.
   VA. Analyse acoustique-phonétique.

CODE PHONOLOGIQUE (s.m.)

Etape cognitive qui suit l'analyse acoustique-phonétique des stimuli sonores perçus et qui permet de les reconnaître comme appartenant au langage.

Note: VA. Analyse acoustique-phonétique.
            VA. Approche cognitive.

COMPÉTENCE ORTHOGRAPHIQUE (s.f.)

Etape ultime du développement de l'orthographe et résultat de la maîtrise de la procédure phonographique grâce à laquelle le scripteur peut élaborer un texte écrit correctement.

Syn.   Compétence lexicale.
Note: VA. Procédure phonographique.

COMPOSANTES DE L'ÉCRITURE (s.f.)

Ensemble des éléments moteurs et cognitifs qui interviennent dans la production écrite.

Note: Le terme «écriture» est ambigu en français. Il peut signifier le geste graphique («il a une belle écriture») tout comme la capacité d'utiliser le discours écrit («il s'adonne à l'écriture»).

CONSCIENCE VISUOGRAPHIQUE (s.f.)

Composante de la procédure logographique qui consiste en une mémoire visuelle des représentations graphémiques globales des mots.

Syn.   Mémoire visuographique.
Note: VA. Représentation graphémique.
            VA. Procédure logographique.

CONVERSION PHONÈME-GRAPHÈME (s.f.)

Etape spécifique à la procédure orthographique d'assemblage au cours de laquelle le scripteur convertit, selon certaines règles, les sonorités de la langue orale en signes graphiques.

Notes: 1. Certains phonèmes ne peuvent être transcrits que par un seul graphème (ex. [p] s'écrit toujours «p»), d'autres sont convertis soit par une graphie dominante (le [f] s'écrit le plus souvent «f») soit par une graphie minoritaire (le [f] correspond parfois au graphème composé «ph»).
2. VA. Procédure orthographique d'assemblage.

CORPUS ÉCRIT (s.m.)

Ensemble des traductions graphiques permettant au scripteur d'énoncer sa pensée par écrit.

DESSIN (n.m.)

Etape du développement du langage écrit au cours de laquelle l'enfant représente les objets de manière imagée, à l'aide de moyens graphiques.

DISTRIBUTION COMPLÉMENTAIRE (s.f.)

Composante de l'orthographe d'usage qui permet à un phonème, selon le contexte, de s'actualiser graphiquement sous plusieurs formes, dites variantes combinatoires.

Note: VA. Orthographe d'usage.

GESTE GRAPHIQUE (s.m.)

Composante motrice de l'écriture qui nécessite un ensemble de mouvements fins et coordonnés, mettant en jeu les doigts, le poignet, l'avant-bras et le bras du scripteur.

Notes: 1. Le geste graphique est envisagé de manière plus approfondie dans le chapitre de ce fascicule qui lui est consacré.
2. VA. Composantes de l'écriture.

GRAPHÈME (n.m.)

Composante de l'orthographe d'usage constituée par une lettre (graphème simple) ou un groupe de lettres (graphème composé) servant à la transcription d'un phonème.

Syn. Graphonème.
Notes: 1. La distinction entre «graphème simple» et «graphème composé» s'impose parce qu'à chaque lettre de l'alphabet ne correspond pas un seul phonème. Notre langage écrit n'est pas une simple traduction écrite des différents phonèmes. Le scripteur doit souvent utiliser 2 ou 3 lettres pour traduire un phonème (ex. on /Ɔ̃/; eau /o/).
2. La dénomination des lettres de l'alphabet ne correspond pas toujours au phonème qu'elle transcrit. La lettre peut posséder une valeur phonique propre. Exemple: les deux lettres «a» et «p» (= graphèmes simples) sont dénommées respectivement [a] et [pe]. Dans le cas de la lettre «a», lettre et phonème sont confondus. Dans le cas de «p» ([pe]), il existe une différence entre la dénomination de la lettre et le phonème qu'elle représente.

3. VA. Lettre.
VA. Orthographe d'usage.

GRIBOUILLIS (n.m.)

Etape du développement du langage écrit au cours de laquelle l'enfant trace des productions graphiques informes.

HOMOGRAPHE (n.m.)

Composante de l'orthographe d'usage qui désigne des mots qui présentent la même traduction graphique.

Notes: 1. Les homographes peuvent avoir:
– la même prononciation (homonyme). Exemple: son (=bruit) et son (=adjectif possessif) ou
– des prononciations différentes. Exemple: couvent ([kuvã]) et couvent ([kuv]).
2. VA. Orthographe d'usage.

IDÉOGRAMME (n.m.)

Signe graphique caractéristique d'un système d'écriture dans lequel il représente un morphème, un mot ou une notion.

Note: VA. Système d'écriture.
VA. Signe graphique.

LETTRE (n.f.)

Signe graphique, en nombre limité, dont l'ensemble constitue un alphabet.

Notes: 1. Les lettres représentent isolément ou combinées entre elles, les différents phonèmes d'une langue.
2. VA. Alphabet.
VA. Signe graphique.

LETTRE-SYLLABE (s.f.)

Production écrite caractéristique des procédures syllabique et logo-syllabique de l'apprentissage de l'orthographe, qui consiste en la transcription d'une syllabe orale par une lettre.

Notes: 1. «Quand Ra. (5;8) écrit le /ka/ de «carotte» avec la lettre K, on peut dire qu'il s'agit d'une lettre-syllabe.»
2. VA. Procédure syllabique.
VA. Procédure logo-syllabique.
VA. Syllabe.
VA. Lettre.

LEXIQUE ORTHOGRAPHIQUE (s.m.)

Etape du traitement cognitif au cours de laquelle s'opère une activation des représentations graphémiques nécessaires à l'analyse visuelle d'un stimulus écrit ou à la production écrite.

Syn. Lexique graphémique.
Notes: 1. Il existe deux types de lexiques orthographiques en fonction du niveau du traitement cognitif:
  – le lexique orthographique d'entrée est activé suite à une analyse visuelle d'un stimulus écrit;
  – le lexique orthographique de sortie est activé dans le cas d'une production écrite.
2. VA. Représentation graphémique.
  VA. Lexique phonologique.
  VA. Approche cognitive.

LEXIQUE PHONOLOGIQUE (s.m.)

Etape du traitement cognitif au cours de laquelle s'opère une activation des représentations phonologiques nécessaires au traitement perceptif des formes sonores ou à la production orale.

Notes: 1. Il existe deux types de lexiques phonologiques en fonction du niveau du traitement cognitif:
  – le lexique phonologique d'entrée est activé suite à un traitement perceptif des formes sonores;
  – le lexique phonologique de sortie est activé dans le but d'une production orale.
2. «Dans la procédure d'adressage, le traitement effectué sur la forme sonore d'un mot familier va entraîner l'activation d'une représentation phonologique de ce mot dans un lexique phonologique d'entrée, puis de sa ou de ses significations dans le système sémantique.»
3. VA. Représentation phonologique.
  VA. Procédure d'adressage.
  VA. Système sémantique.

LOGOGRAMME (n.m.)

Composante de l'orthographe d'usage qui cible des «figures de mots» dans lesquelles la graphie ne fait qu'un avec le mot dont on ne peut la dissocier.

Notes: 1. Exemple de logogrammes: sept, thym, pouls, coing,...
2. Les logogrammes ne peuvent pas être traités par une procédure orthographique d'assemblage, mais font toujours appel à l'adressage.
3. VA. Orthographe d'usage.
  VA. Procédure orthographique d'adressage.
  VA. Procédure orthographique d'assemblage.

MORPHOGRAMME GRAMMATICAL (s.m.)

Composante de l'orthographe d'accord qui consiste en une graphie, chargée d'une signification, indice d'une relation grammaticale.

Notes: 1. Exemples de morphogrammes grammaticaux:
  – le «e» final de «petite»
  – le «nt» de «ils mangent».
2. VA. Orthographe d'accord.

MORPHOGRAMME LEXICAL (s.m.)

Composante de l'orthographe d'usage qui consiste en une graphie, chargée d'une signification, indice d'une relation lexicale.

Notes: 1. Exemple de morphogrammes lexicaux:
– le «t» de «enfant» (enfanter).
– le «r» de «premier» (première).
2. VA. Orthographe d'usage.

MORPHONOGRAMME (n.m.)

Composante de l'orthographe d'accord qui consiste en un phonogramme ayant une fonction morphologique.

Notes: 1. Exemple de morphonogramme:
la marque de l'imparfait dans «tu parlais».
2. VA. Orthographe d'accord.
VA. Phonogramme.

ORTHOGRAPHE (n.f.)

Composante cognitive de l'écriture dont la maîtrise permet la transcription graphique des phonèmes et des mots d'une langue en tenant compte de certains rapports établis avec les autres sous-systèmes de la langue (morphologie, syntaxe, lexique).

Note: VA. Plan cognitif.

ORTHOGRAPHE D'ACCORD (s.f.)

Composante de l'orthographe constituée d'un ensemble de règles qui régissent certaines graphies des mots selon la fonction qu'ils remplissent dans une phrase.

Syn.   Orthographe grammaticale, orthographe de règles.
Note: VA. Orthographe.

ORTHOGRAPHE D'USAGE (s.f.)

Composante de l'orthographe constituée d'un ensemble de conventions qui régissent la traduction graphique des mots indépendamment de la fonction qu'ils peuvent remplir dans une phrase.

Note: VA. Orthographe.

PERCEPTION DU STIMULUS SONORE (s.f.)

Etape cognitive initiale effectuée sur la forme sonore d'un mot au cours de laquelle les paramètres acoustiques du mot sont interprétés au niveau du cortex auditif.

Note: VA. Approche cognitive.

PHONOGRAMME (n.m.)

Signe graphique caractéristique d'un système d'écriture dans lequel il représente un ou plusieurs phonèmes du langage oral.

Note: VA. Système d'écriture.
VA. Signe graphique.

PICTOGRAMME (n.m.)

Signe graphique caractéristique d'un système d'écriture dans lequel il représente les mots de la langue orale par des dessins figuratifs stylisés.

Note: 1. Les hiéroglyphes égyptiens étaient essentiellement constitués de picto-grammes.
2. Dans ce système d'écriture, chaque concept de la langue orale est représenté par un dessin différent, ce qui rend très difficile l'apprentissage du système écrit, dont la complexité est réservée souvent à quelques initiés.
3. VA. Système d'écriture.
VA. Signe graphique.
VA. Dessin.

PROCÉDURE DISTRIBUTIONNELLE (s.f.)

Procédure phonographique de l'apprentissage de l'orthographe au cours de laquelle l'apprenti peut, dans ses productions écrites, choisir les gra-phèmes en tenant compte de la distribution complémentaire.

Notes: 1. L'apprenti a pris connaissance de la variation de certains graphèmes en fonc-tion du contexte, mais ne maîtrise pas encore tous les graphèmes complexes. Il écrit, par exemple, comme il entend le mot «couleur» [kulœr]: «couler».
2. VA. Graphème.
VA. Distribution complémentaire.
VA. Procédure phonographique.

PROCÉDURE ÉPELLATIVE (s.f.)

Procédure phonographique de l'apprentissage de l'orthographe au cours de laquelle l'apprenti maîtrisant la dénomination des lettres et certains graphèmes, produit une lettre qui correspond à une syllabe orale.

Syn. Stratégie de nom de lettre.
Notes: 1. Cette étape d'acquisition, dite «épellative» ne correspond pas à un acte clas-sique d'épellation.
2. «Les procédures épellatives coïncident parfois avec des syllabes orales. Ainsi, la lettre S note le /es/ de «est-ce que» (…), la lettre T note le /te/ de pâté.»
3. VA. Lettre.
VA. Graphème.
VA. Procédure phonographique.

PROCÉDURE LOGOGRAPHIQUE (s.f.)

Etape de l'acquisition de l'orthographe au cours de laquelle l'apprenti met en relation des séquences de lettres, aléatoires ou non, avec un ou plusieurs signes linguistiques.

Notes: 1. La procédure logographique se subdivise en deux procédures: sémiographique et visuographique.
2. Le terme «procédure» dont parle l'auteur (Jaffré) n'est pas à confondre avec les procédures orthographiques d'adressage et d'assemblage décrites en neuropsychologie.
3. VA. Lettre.
   VA. Procédure sémiographique.
   VA. Procédure visuographique.
   VA. Procédure orthographique d'adressage.
   VA. Procédure orthographique d'assemblage.

PROCÉDURE LOGO-PHONOGRAMMIQUE (s.f.)

Procédure phonographique dans l'apprentissage de l'orthographe qui combine et transforme les savoirs procéduraux antérieurs et où l'apprenti transcrit tous les sons qu'il perçoit par des phonogrammes.

Notes: 1. L'apprenti ne tient pas encore compte, dans cette étape, de la distribution complémentaire et utilise préférentiellement les graphèmes simples. Par exemple, il transcrit «chevaux» par «chevo».
2. VA. Distribution complémentaire.
   VA. Graphème.
   VA. Phonogramme.
   VA. Procédure phonographique.
   VA. Syllabe.

PROCÉDURE LOGO-SYLLABIQUE (s.f.)

Procédure phonographique dans l'apprentissage de l'orthographe au cours de laquelle l'apprenti ajoute des lettres aux lettres-syllabes, ajout influencé par des savoirs logographiques.

Notes: 1. Les savoirs logographiques interviennent par utilisation de la conscience visuographique au niveau de la longueur du mot.
2. L'apprenti produit des lettres-syllabes, mais il prend conscience qu'il y a des lacunes. Les «mots» qu'il écrit lui paraissent trop courts. Il ajoute aléatoirement des lettres pour atteindre une longueur qui lui semble plus correcte.
3. VA. Lettre.
   VA. Lettre-syllabe.
   VA. Procédure logographique.
   VA. Conscience visuographique.
   VA. Procédure phonographique.

PROCÉDURE MORPHOLOGIQUE (s.f.)

Procédure phonographique dans l'apprentissage de l'orthographe où la sensibilisation à la syntaxe de l'écrit et la connaissance des règles d'accord aboutissent à la maîtrise du langage écrit.

Notes: 1. Il s'agit de l'ultime étape des procédures phonographiques.
2. «La mise en œuvre d'une procédure morphologique fait appel à des réseaux relationnels spécifiques: le «aux» de «chevaux» renvoie à «cheval», mais également à «les» / «des» / etc.»
3. VA. Procédure phonographique.

PROCÉDURE (ORTHOGRAPHIQUE) D'ADRESSAGE (s.f.)

Dans l'approche cognitive, ensemble des traitements effectués globalement sur un mot familier, faisant suite à l'analyse des caractéristiques acoustiques et phonétiques dans la production écrite spontanée ou dictée.

Syn. Voie directe.

Notes: 1. «Orthographique» spécifie le domaine de l'orthographe puisque la procédure d'adressage se retrouve dans les processus de lecture où il s'agit d'une reconnaissance globale du mot (court ou familier).

2. VA. Analyse acoustique-phonétique.
   VA. Approche cognitive.
   VA. Chapitre sur le développement de la lecture.

PROCÉDURE (ORTHOGRAPHIQUE) D'ASSEMBLAGE (s.f.)

Dans l'approche cognitive, ensemble des traitements effectués sur un mot non familier ou un pseudo-mot, faisant suite à l'analyse des caractéristiques acoustiques-phonétiques, pour arriver à leur production écrite.

Syn. Voie indirecte.

Notes: 1. «Orthographique» distingue cette procédure d'assemblage de celle rencontrée en lecture.

2. VA. Analyse acoustique-phonétique.
   VA. Approche cognitive.
   VA. Procédure d'adressage.

PROCÉDURE PHONOGRAMMIQUE (s.f.)

Procédure phonographique dans l'apprentissage de l'orthographe qui se caractérise par des productions écrites plus proches de la norme et où l'apprenti associe la plupart des phonèmes aux graphèmes sans tenir compte de la distribution complémentaire.

Notes: 1. Cette procédure peut être confondue avec la procédure phonographique étant donné leur proximité au niveau de leur appellation. Le terme générique «phonographique» spécifie l'utilisation d'une lettre pour transcrire un segment (grand ou petit: syllabe ou phonème) de l'oral. Le terme phonogrammique signifie que l'apprenti utilise les phonogrammes pour transcrire l'oral.

2. «Quand CH.. (5;3) écrit «ASSIS = ACI», on peut dire qu'elle se sert d'une procédure phonogrammique dans la mesure où chaque phonème du mot est associé à une lettre et vice versa.»

3. VA. Graphème.
   VA. Distribution complémentaire.
   VA. Procédure phonographique.
   VA. Lettre.
   VA. Phonogramme.

PROCÉDURE PHONOGRAPHIQUE (s.f.)

Etape de l'apprentissage de l'orthographe où l'apprenti établit une relation entre les segments sonores et les segments graphiques et utilise des phonogrammes dans ses productions écrites.

Syn. Procédure alphabétique.
Notes: 1. Au sein de la procédure phonographique, il existe plusieurs procédures selon des niveaux d'acquis différents.
2. Il ne faut pas confondre la procédure phonographique avec la procédure phonogrammique.
3. VA. Phonogramme.
   VA. Procédure phonogrammique.

PROCÉDURE SÉMIOGRAPHIQUE (s.f.)

Procédure logographique dans l'apprentissage de l'orthographe au cours de laquelle l'apprenti trace des séquences aléatoires de lettres reliées entre elles comme s'il s'agissait de véritables mots auxquels il confère un sens fixe.

Notes: 1. La procédure sémiographique utilise des séquences logographiques dont le sens reste stable pour l'apprenti. A l'inverse, on parlera de production visuographique quand les séquences logographiques ont un sens variable.
2. VA. Lettre.
   VA. Procédure logographique.
   VA. Production visuographique.
   VA. Séquence logographique.

PROCÉDURE SYLLABIQUE (s.f.)

Procédure phonographique dans l'apprentissage de l'orthographe au cours de laquelle l'apprenti produit des lettres syllabes qui ne correspondent pas toujours à l'entièreté de la syllabe orale.

Notes: 1. Cette procédure syllabique peut être confondue avec la procédure épellative. La différence se situe au niveau de la transcription partielle de la syllabe dans la procédure syllabique (par exemple RAT = A) et de la transcription totale de la syllabe dans la procédure épellative (par exemple: IDEE = D; RATE = T; PATE = T: VELO = V).
2. Dans le cas où la syllabe est en même temps un mot (monosyllabe), la procédure syllabique peut aboutir à une seule lettre.
3. VA. Lettre-syllabe.
   VA. Procédure épellative.
   VA. Procédure phonographique.

PRODUCTION ÉCRITE (s.f.)

Etape cognitive ultime qui permet au scripteur d'arriver à une transcription correcte du message qu'il souhaite écrire.

Notes: 1. La production écrite peut s'effectuer sous différentes modalités: épellation, agencement de lettres mobiles, dactylographie ou écriture manuelle. C'est ce dernier aspect qui est envisagé dans ce chapitre.
2. VA. Approche cognitive.

PRODUCTION GRAPHIQUE FONCTIONNELLE (s.f.)

Etape de l'apprentissage de l'orthographe au cours de laquelle l'apprenti utilise des lettres de l'alphabet comme outil de communication écrite.

Notes: 1. Cette étape se caractérise par deux grandes procédures d'acquisition du langage écrit: la procédure logographique et la procédure phonographique.
2. VA. Alphabet.
   VA. Lettre.
   VA. Procédure logographique.
   VA. Procédure phonographique.

PRODUCTION GRAPHIQUE NON-FONCTIONNELLE (s.f.)

Première étape de l'apprentissage de l'orthographe au cours de laquelle l'apprenti produit par imitation des lettres de l'alphabet sans qu'elles ne remplissent aucune fonction linguistique.

Notes: 1. A ces procédures graphiques non-fonctionnelles succèdent des procédures fonctionnelles qui, à l'inverse des précédentes, ont une fonction linguistique.
2. Par convention, on fixe le point de départ de l'acquisition orthographique au moment de la production non-fonctionnelle des lettres de l'alphabet. L'apprenti trace des lettres isolées ou assemblées, mais semble n'y attribuer aucun sens. Les lettres sont imprécises, déformées ou inversées.
3. VA. Lettre.
   VA. Alphabet.
   VA. Production graphique fonctionnelle.

PRODUCTION VISUOGRAPHIQUE (s.f.)

Procédure logographique dans l'apprentissage de l'orthographe selon laquelle l'apprenti écrit de façon globale et de mémoire, des mots qui ont un sens variable.

Notes: 1. La production de ces mots est par conséquent très limitée: plus les apprentis deviennent compétents y compris en lecture, plus ils sont amenés à mesurer les limites des procédures exclusivement centrées sur une production visuographique du sens.
2. VA. Procédure logographique.
   VA. Mot.
   VA. Procédure sémiographique.

RELATION MORPHOSYNTAXIQUE (s.f.)

Composante de l'orthographe d'accord qui établit une liaison grammaticale entre les mots d'une phrase, lien qui se traduit par une forme graphique particulière.

Note: VA. Orthographe d'accord.

REPRÉSENTATION GRAPHÉMIQUE (s.f.)

Etape cognitive qui permet de produire la séquence de graphèmes dont sont composés les mots stockés dans le lexique orthographique.

Syn. Représentation orthographique.
Note: 1. Cette représentation graphémique est issue de l'analyse visuelle.
2. La traduction de la représentation phonologique en représentation graphémique implique un système de conversion phonème-graphème.

3. VA. Graphème.
   VA. Conversion phonème-graphème.
   VA. Lexique orthographique.
   VA. Représentation phonologique.

REPRÉSENTATION PHONOLOGIQUE (s.f.)

Etape cognitive qui permet d'identifier une séquence de phonèmes dont est composé un mot oral stocké dans le lexique phonologique.

Notes: 1. Les représentations phonologiques se retrouvent dans les traitements cognitifs de la lecture et de l'orthographe.
         2. VA. Lexique phonologique.
            VA. Approche cognitive.

SEGMENTATION EN PHONÈMES (s.f.)

Etape spécifique à la procédure orthographique d'assemblage au cours de laquelle le scripteur divise en unités phonémiques les représentations phonologiques stockées dans le buffer phonologique.

Notes: 1. Cette segmentation en phonèmes est une étape qui intervient aussi dans la procédure d'assemblage utilisée en lecture.
         2. VA. Procédure orthographique d'assemblage.
            VA. Représentation phonologique.
            VA. Buffer phonologique.
            VA. Chapitre sur la lecture.

SÉQUENCE LOGOGRAPHIQUE (s.f.)

Production écrite réalisée dans la procédure logographique au cours de laquelle l'apprenti met en relation des groupes de lettres aléatoires avec des signes linguistiques, sans lien avec l'oral.

Note: VA. Lettre.
         VA. Procédure logographique.

SIGNE DIACRITIQUE (s.m.)

Composante de l'orthographe d'usage constituée par un élément sur-ajouté à une lettre de l'alphabet pour en modifier la valeur.

Notes: 1. Cet élément peut être:
            – suscrit: les accents graves, aigus, circonflexes, les trémas
            – souscrit: la cédille
            – tracé à la droite ou à la gauche de la lettre.
         2. VA. Orthographe d'usage.
            VA. Lettre.
            VA. Alphabet.

SIGNE GRAPHIQUE (s.m.)

Elément de base constitutif d'un système d'écriture.

Notes: 1. On distingue aussi l'écriture pictographique, idéographique et phonographique suivant que l'élément de base qui les constitue est le pictogramme, l'idéogramme ou le phonogramme.
   2. VA. Système d'écriture.
      VA. Pictogramme.
      VA. Idéogramme.
      VA. Phonogramme.

SYSTÈME ALPHABÉTIQUE (s.m.)

Système d'écriture utilisant des phonogrammes appelés lettres, qui représentent les unités phoniques de la parole.

Note: VA. Système d'écriture.
      VA. Phonogramme.
      VA. Lettre.

SYSTÈME D'ÉCRITURE (s.m.)

Ensemble structuré de signes graphiques qui permettent la transcription du discours oral.

Note: VA. Signe graphique.

SYSTÈME SÉMANTIQUE (s.m.)

Etape de la procédure orthographique d'adressage qui permet l'accès à la signification des mots, suite à leur reconnaissance visuelle ou auditive.

Syn.   Traitement sémantique.
Notes: 1. Il ne faut pas confondre le terme «procédure» utilisé dans le cadre de la neuropsychologie avec celui utilisé dans les étapes d'acquisition de l'orthographe décrites par J.P. Jaffré.
   2. «Dans la procédure d'adressage, le traitement effectué sur la forme sonore d'un mot familier va entraîner l'activation d'une représentation phonologique de ce mot dans un lexique phonologique d'entrée, puis de sa ou de ses signification(s) dans le système sémantique.»
   3. VA. Procédure d'adressage.
      VA. Représentation phonologique.
      VA. Lexique phonologique d'entrée.

TRAITEMENT POSTGRAPHÉMIQUE (s.m.)

Etape cognitive au cours de laquelle sont activées les diverses modalités de production écrite.

Notes: 1. On retrouve le traitement postgraphémique dans tous les types de productions écrites: dictée, copie, écrit spontané.
   2. Ce traitement postgraphémique peut présenter diverses modalités: épellation, agencement de lettres mobiles, dactylographie, écriture manuelle.
   3. VA. Approche cognitive.
      VA. Production écrite.

SECTION 2

LA PATHOLOGIE DU DÉVELOPPEMENT DU LANGAGE ÉCRIT

Troubles du développement de la lecture et de l'écriture

Nombreux sont les instituteurs, logopèdes, psychologues, pédiatres, neurologues, … qui se trouvent régulièrement face à des enfants qui, malgré des capacités intellectuelles performantes, ne parviennent pas à apprendre à lire et/ou à écrire correctement.

En effet, alors que le langage écrit devient ou est un réel plaisir, voire une passion pour certains, il revêt l'aspect d'une tâche difficile et parfois même insurmontable pour d'autres.

Les troubles du développement du langage écrit touchent, selon les statistiques, un peu plus de 10% de la population scolaire. Par delà le «drame» personnel qu'elles occasionnent, ces difficultés représentent également une masse de questionnements à différents niveaux: social, par le coût que cela représente, éducatif, par la remise en question des méthodes d'enseignement, théorique, par la multitude des interrogations non encore résolues, ….

Les troubles du développement de la lecture chez l'enfant font parler d'eux depuis plus d'un siècle déjà (on situe la découverte des troubles de la lecture en 1890). Le terme «dyslexie» s'est bien enraciné au cours de la deuxième moitié du XXème siècle et a même été utilisé abusivement. Les affrontements théoriques commencent alors pour aboutir, dans les années 70, à l'abandon de la conception unitaire de la dyslexie. Cette découverte, due au courant organiciste anglo-saxon, est non seulement toujours d'actualité mais a aussi ouvert la porte à de nouveaux modèles théoriques.

Si tout le monde s'accorde autour de l'existence de différents types de dyslexies de développement, l'unanimité ne se fait pas encore autour des hypothèses étiologiques. Depuis la découverte de ces difficultés d'apprentissage, de nombreux chercheurs se sont penchés sur la question du «pourquoi?». En effet, c'est bien la nature du ou des dysfonctionnement(s) cognitif(s) à la base de ces types de dyslexies qui reste encore à élucider.

Notre propos ne sera pas de faire un inventaire de l'ensemble des théories actuelles. En effet, en élaborant ce fascicule du dictionnaire de logopédie, nous nous sommes rendu compte de l'importante littérature développée ces dernières années sur le sujet. Ce développement tant quantitatif que qualitatif nous apporte principalement les fruits des nombreuses recherches en cours. Il apparaît donc que si l'apprentissage de la lecture et de l'orthographe n'est pas simple, comprendre les troubles qui peuvent perturber cet apprentissage, n'est pas une tâche aisée non plus. Elle est pourtant un préalable essentiel à la mise en place de tout traitement rééducatif. C'est précisément de l'analyse des mécanismes sous-jacents responsables du déficit dont il est question ici. Actuellement, en effet, nous ne pouvons plus nous limiter à quantifier simplement les performances en lecture et/ou en orthographe pour ensuite les comparer aux «normes». Nous possédons des outils d'évaluation et surtout de compréhension des mécanismes cognitifs utilisés par l'enfant face au langage écrit. Ces outils nous apportent donc des données extrèmement importantes relatives aux processus d'identification des mots écrits d'une part et aux stratégies orthographiques d'autre part.

La grande question qui se profile encore est celle de la «limite» entre l'enfant «mauvais lecteur» ou «mauvais scripteur» et l'enfant «dyslexique», «dysorthographique» ou encore «dysgraphique». Peut-on, d'ailleurs, face à un enfant présentant des troubles de la lecture, le «catégoriser». Le diagnostic ne peut, en effet, se limiter à un «étiquetage» de l'enfant en difficulté. Il est indispensable de le prendre à la fois dans sa globalité et dans sa spécificité pour pouvoir mettre en place une démarche thérapeutique appropriée et avancer un pronostic qui tiennent compte de la dynamique propre au patient. De surcroît, nous nous situons dans le contexte du «développement» du langage écrit. Et il est bien évident qu'en matière développementale, une multitude de facteurs sont à prendre en considération. Chaque enfant évolue de façon unique et les difficultés qu'il va rencontrer lui sont propres également. Dans ce sens, il est primordial, lors du diagnostic, d'évaluer et de comparer ses différentes performances entre elles plus que par rapport à celles de ses pairs.

Que peut et doit faire le logopède qui accepte de prendre en charge un enfant consultant pour des troubles du langage écrit? Cet enfant lui arrive souvent accompagné de ses parents. Eux aussi sont à écouter car ce sont eux qui ont vu l'enfant se développer, ce sont eux qui nous donneront sans doute le plus d'informations quant aux circonstances d'apparition des difficultés. Le signal d'alarme peut être donné, dans de nombreux cas, par l'enseignant. Avec lui aussi, le logopède devra collaborer. L'enseignant peut informer le logopède sur la méthode pédagogique utilisée pour l'apprentissage du langage écrit. Eclairage essentiel, parce qu'il est évident que la méthode utilisée engendre des variations, du moins lors des premières années, dans le développement des performances en langage écrit. C'est avec l'enfant, les parents, l'enseignant et les éventuels autres intervenants que le logopède travaillera. Il aura la possibilité de voir l'enfant dans une situation privilégiée puisque, bien souvent, la prise en charge se fera individuellement. Par ses connaissances théoriques et son sens clinique, il aura tous les outils en mains pour envisager l'enfant dans sa globalité.

Les logopèdes sont bien souvent confrontés aux questions concernant l'avenir des enfants dyslexiques. La littérature, sur ce sujet, n'est pas très développée. Peu d'études longitudinales vont jusqu'à l'adolescence et encore moins jusqu'à l'âge adulte. Que deviennent ces jeunes dyslexiques? Pour rassurer les parents, nous pouvons citer quelques exemples de dyslexiques devenus célèbres, tel John Lennon ou encore Albert Einstein... Mais s'en sortent-ils toujours? La logopédie peut-elle «guérir» tous les enfants souffrant de troubles d'apprentissage du langage écrit? Bien qu'il soit difficile de répondre à cette question, il est plus honnête de formuler de solides réserves. Il n'est pas rare en effet, même de nos jours, de rencontrer des cas dépistés seulement à l'âge de dix ou onze ans. Parfois même plus tard. Ces enfants-là ont déjà mis en place une série de mécanismes de compensation. Ils ont sans doute également développé un certain dégoût pour le langage écrit. Le travail du logopède consistera le plus souvent alors à réconcilier l'enfant avec le mode de communication écrite et à amoindrir les déficits; rarement à éliminer totalement les symptômes «dys». Parfois aussi, le logopède se voit confronté à des enfants pour qui les troubles du langage écrit ne sont que la partie émergente de l'iceberg. Le logopède ne pourra pas uniquement se focaliser sur la démarche explicite, à savoir les troubles du langage écrit, sous peine de voir s'enliser la rééducation. Il doit pouvoir déceler, au-delà du symptôme présenté par l'enfant, la souffrance qu'il cache et l'orienter, au besoin, vers d'autres spécialistes susceptibles de lui venir en aide.

Ce travail de terminologie, par les lectures et les rencontres qu'il nous a permis de faire, nous confirme une fois de plus ce que la réalité professionnelle nous avait déjà fait entrevoir: comme logopèdes, nous ne traitons pas «la» dyslexie-dysorthographie, mais il nous faut aller à la rencontre d'un être, unique dans sa souffrance et ses tentatives de la résoudre.

DYSLEXIES DE DÉVELOPPEMENT

1. SYMPTOMATOLOGIE

A. ERREURS DE TRADUCTION PHONOGRAPHIQUE

Substitution
Substitution visuelle
Substitution auditive

Omission

Addition

Inversion
Inversion statique
Inversion dynamique

B. ERREURS DE DÉCODAGE PARTIEL

Lexicalisation

Régularisation

C. PHÉNOMÈNES SYMPTOMATIQUES D'UN DYSFONCTIONNEMENT DE LA LECTURE

Effet de complexité vs simple

Effet de fréquence vs rare

Effet de lexicalité

Effet de longueur vs court

Effet de régularité vs irrégulier

D. TROUBLES DE L'INTÉGRATION SÉMANTIQUE ET/OU SYNTAXIQUE

Trouble au niveau du nombre de pauses

Trouble au niveau de la qualité des pauses

Hyperlexie

2. PATHOGÉNIE

A. FORMES DE DYSLEXIES DE DÉVELOPPEMENT CENTRALES

Dyslexie de surface

Dyslexie phonologique

Dyslexie mixte

Dyslexie profonde

B. Formes de dyslexies de développement périphériques

Dyslexie lettre par lettre

Dyslexie visuelle

3. ÉTIOPATHOGÉNIE DIRECTE

A. Dysfonctionnements cognitifs

Trouble de l'attention-concentration

Trouble de la mémoire
   Trouble de la mémoire de travail

Trouble de la perception

B. Dysfonctionnements des mécanismes de base

Dysfonctionnement de la conscience phonologique

Difficulté au niveau de la rapidité de dénomination

Difficulté au niveau du codage et du stockage dans la mémoire de travail

C. Procédure d'assemblage déficiente

D. Procédure d'adressage déficiente

4. ÉTIOPATHOGÉNIE ASSOCIÉE

A. Dysfonctionnements des facteurs instrumentaux

Trouble de la motricité

Trouble du schéma corporel

Trouble de la latéralité

Trouble de l'organisation spatiale

Trouble de l'ordre temporel

Trouble du langage oral

B. Troubles affectifs

ADDITION (n.f.)

Erreur de traduction phonographique caractérisée par l'ajout de phonèmes ou d'un groupe de phonèmes aux graphèmes décodés.

Syn. Ajout, adjonction.
Notes: 1. Exemple: «cotisation» lu «constatisation». (Gibou, 1984)
2. Les additions se font souvent par contamination de l'environnement. On en retrouvera davantage dans les mots longs et moins connus du lecteur.
3. VA. Erreur de traduction phonographique.

DIFFICULTÉ AU NIVEAU DU CODAGE ET DU STOCKAGE DANS LA MÉMOIRE DE TRAVAIL (s.f.)

Dysfonctionnement d'un mécanisme de base de la lecture caractérisé par une mauvaise intégration des données dans la mémoire de travail ne permettant donc pas sa restitution.

Notes: 1. Les problèmes de la dyslexie portent d'une part sur la comparaison et l'extraction d'informations codées et déjà en mémoire et, d'autre part, sur le codage et le stockage d'informations nouvelles.
2. VA. Dysfonctionnement des mécanismes de base.

DIFFICULTÉ AU NIVEAU DE LA RAPIDITÉ DE DÉNOMINATION (s.f.)

Dysfonctionnement d'un des mécanismes de base de la lecture caractérisé par une atteinte des capacités à pouvoir évoquer au moment voulu le mot correspondant à un signifié connu.

Notes: 1. Le manque de précision et/ou la lenteur dans le processus de reconnaissance des mots entravera la compréhension du texte lu dans la mesure où le lecteur portera davantage son attention sur le décodage des mots.
2. VA. Dysfonctionnement des mécanismes de base.

DYSFONCTIONNEMENT COGNITIF (s.m.)

Trouble de certains constituants du fonctionnement intellectuel favorisant le développement d'une dyslexie et qui, sans être la cause de la dyslexie, peut y être ajouté, et provoquer, dès lors, une difficulté supplémentaire dont on doit tenir compte en remédiation.

Syn. Dysfonctionnement conjoint.
Notes: 1. Ces troubles associés vont amener la notion de dyslexie accompagnée.
2. Ces troubles sont généralement révélateurs d'un problème fondamental de structuration, ce qui est à notre avis, une difficulté majeure des dyslexiques.
3. VA. Trouble de l'attention-concentration.
VA. Trouble de la mémoire.
VA. Trouble de la perception.

DYSFONCTIONNEMENT DE LA CONSCIENCE PHONOLOGIQUE (s.m.)

Dysfonctionnement d'un mécanisme de base de la lecture caractérisé par une atteinte des capacités de discrimination d'analogies phonémiques ainsi que des capacités à pouvoir ajouter, retirer, compter les divers constituants phonémiques.

Syn.   Dysfonctionnement de la conscience phonémique, conscience phonologique déficiente, déficience de l'analyse segmentale de la parole.

Notes: 1. De nombreux travaux montrent un rapport causal réciproque entre ce dysfonctionnement et la dyslexie de développement.

2. Il apparaît que de bonnes compétences au niveau de la conscience phonologique favorisent l'apprentissage de la lecture. Inversement, l'apprentissage de la lecture développe également les compétences au niveau de la conscience phonologique. Cette découverte est capitale dans l'élaboration d'un plan thérapeutique.

3. La conscience phonologique s'évalue par la manipulation de segments langagiers perçus auditivement.

4. VA. Dysfonctionnement des mécanismes de base.

DYSFONCTIONNEMENT DES FACTEURS INSTRUMENTAUX (s.m.)

Trouble favorisant le développement d'une dyslexie et qui se caractérise par un ensemble de symptômes atteignant l'organisation d'un ou plusieurs facteurs de fonctionnement d'un individu.

Syn.   Trouble instrumental.

Notes: 1. Ce type de trouble peut concerner la latéralité, les organisations spatiale et temporelle, la motricité, le schéma corporel, le langage oral.

2. Les troubles instrumentaux sont, à l'heure actuelle, considérés davantage comme des facteurs associés et non plus comme des facteurs causaux.

3. Les troubles associés à la dyslexie de développement (retard de langage, difficulté de structuration spatiale et temporelle, dyslatéralité) sont inconstants et n'ont pas de valeur diagnostique ni pathogénique.

DYSFONCTIONNEMENT DES MÉCANISMES DE BASE (s.m.)

Trouble favorisant le développement d'une dyslexie et qui se caractérise par des difficultés dans l'utilisation de processus permettant la reconnaissance des mots écrits.

Note: Ces mécanismes de base et leur dysfonctionnement ont fait l'objet de nombreuses études qui ont permis de mettre en évidence des troubles spécifiques entravant l'acquisition de la lecture.

DYSLEXIE DE DÉVELOPPEMENT (s.f.)

Trouble spécifique de la lecture se manifestant par une difficulté importante et persistante dans l'apprentissage de la lecture en dépit d'un enseignement classique, d'une intelligence suffisante, et de facilités socio-culturelles, trouble qui relève d'inaptitudes cognitives fondamentales ayant fréquemment une origine constitutionnelle.

Syn.   Dyslexie développementale, dyslexie vraie, dyslexie spécifique, retard spécifique en lecture, dysfonctionnement développemental de la lecture, dyslexie d'évolution (Critchley), dyslexie évolutive spécifique (Critchley).

Notes: 1. La dyslexie de développement se traduit quantitativement par un retard de 12 à 18 mois, selon les auteurs, de l'âge lexique par rapport à l'âge chronologique.
2. On retrouve dans l'ensemble de la littérature l'existence attestée de plusieurs types de dyslexies de développement. Les plus courants sont: les dyslexies développementales de surface, phonologique, visuelle et profonde.
3. Ces difficultés d'apprentissage de la lecture résultent sans doute de dysfonctionnements cognitifs. Si cette hypothèse semble fondée, il n'en reste pas moins que la nature de ces dysfonctionnements demeure encore floue.
4. Les recherches dans le domaine de la dyslexie de développement sont importantes et leurs fruits permettent aux praticiens d'évoluer tant au niveau de leurs moyens diagnostiques que dans la mise en place du plan thérapeutique.

DYSLEXIE LETTRE PAR LETTRE (s.f.)

Forme de dyslexie de développement périphérique caractérisée par une lecture qui nécessite l'épellation préalable des lettres successives du mot.

Syn. Dyslexie lettre à lettre.
Notes: 1. Cette forme de dyslexie de développement est très rare. Quelques auteurs ont suggéré l'existence de ce type de dyslexie de développement mais peu de cas cliniques ont été détaillés dans la littérature.
2. VA. Dyslexie de développement.

DYSLEXIE MIXTE (s.f.)

Forme de dyslexie de développement caractérisée par une atteinte lexique associant les difficultés de la dyslexie de surface et celles de la dyslexie phonologique, mettant donc en cause simultanément la voie d'assemblage et la voie d'adressage.

Notes: 1. Cette forme de dyslexie de développement est relativement fréquente.
2. Il est rare, en effet, de retrouver des «cas purs» de dyslexie phonologique ou de surface. La plupart des enfants souffrant de dyslexie de développement ont des faiblesses tant au niveau de la voie d'adressage que de la voie d'assemblage de lecture.
3. VA. Dyslexie de développement.
   VA. Dyslexie de surface.
   VA. Dyslexie phonologique.
   VA. Voie d'adressage (chapitre sur le développement normal de la lecture).
   VA. Voie d'assemblage (chapitre sur le développement normal de la lecture).

DYSLEXIE PHONOLOGIQUE (s.f.)

Forme de dyslexie de développement caractérisée par une atteinte lexique qui entrave la voie d'assemblage.

Syn. Dyslexie dysphonétique, dyslexie auditive.
Notes: 1. La proportion d'enfants présentant ce type de dyslexie est très importante. En effet, une étude récente (1993) de Castle et Coltheart nous rapporte que 72% des enfants dyslexiques présenteraient une dyslexie phonologique de développement.

2. Les symptômes principaux de ce type de dyslexie de développement sont:
   – les mots sont lus globalement, comme des formes visuelles. Cela peut entraîner des paralexies visuelles («moisson» est lu «maison») ou morphologiques («grandeur» est lu «grande»).
   – difficulté particulière pour la lecture des mots rares ou des pseudo-mots puisque ceux-ci nécessitent un traitement par la voie d'assemblage de lecture.
   – les longs pseudo-mots seront soit lexicalisés («merneilleux» est lu «merveilleux») ou remplacés par des néologismes avec une composante lexicale («cénéctricité» est lu «cénélectrique»).
   – la lecture de textes sera plus aisée que la lecture de mots isolés.
   – lecture relativement aisée des mots réguliers ou irréguliers.
3. Selon Frith, la dyslexie phonologique de développement résulterait d'un blocage au niveau de la procédure logographique et d'une difficulté à accéder à la procédure alphabétique (voir chapitre sur le développement normal de la lecture).
4. Actuellement, la thèse d'un déficit cognitif de nature phonologique comme origine des dyslexies phonologiques semble bien acceptée. On retrouve souvent, en effet, des difficultés dans la répétition des non-mots et dans les tâches métaphonologiques ainsi qu'une mémoire à court terme déficiente.
5. VA. Dyslexie de développement.
   VA. Procédure d'assemblage déficiente.

DYSLEXIE PROFONDE (s.f.)

Forme de dyslexie de développement caractérisée par une atteinte lexique concernant la voie d'assemblage, avec production d'erreurs sémantiques.

Syn. Dyslexie phonémique.
Notes: 1. Tous les auteurs ne sont pas d'accord pour affirmer son existence au niveau du développement, par contre elle est tout à fait reconnue comme forme de dyslexie acquise chez l'adulte cérébro-lésé.
2. La dyslexie profonde de développement est une forme proche de la dyslexie phonologique de développement mais, dans le premier cas, des erreurs sémantiques sont également commises dans la lecture des mots isolés. Il semblerait, par ailleurs, que la dyslexie profonde évolue vers une dyslexie de type phonologique avec une disparition des erreurs sémantiques et une persistance dans le traitement des non-mots. (Valdois, 96).
3. La lecture de mots concrets semble plus aisée que celle de mots abstraits. On parle du phénomène de concrétude.
4. Cette forme de dyslexie de développement est relativement rare.
5. VA. Dyslexie de développement.
   VA. Procédure d'assemblage déficiente.

DYSLEXIE DE SURFACE (s.f.)

Forme de dyslexie de développement caractérisée par une atteinte lexique qui entrave la procédure d'adressage.

Syn. Dyslexie dyseidétique, dyslexie morphémique, dyslexie lexicale.
Notes: 1. Les symptômes principaux de ce type de dyslexie de développement sont:
   – utilisation principalement de la procédure par assemblage.
   – la lecture de ces enfants est lente et laborieuse.

– les erreurs sont principalement visuelles et morphologiques.

– vocabulaire visuel restreint. Ces enfants ont presque une incapacité à mettre en mémoire les traces orthographiques en relation avec les mots de la langue.

– les mots réguliers et les pseudo-mots sont lus avec les mêmes performances et une relative aisance.

– les mots irréguliers sont lus difficilement et seront souvent «régularisés» («femme» sera lu [fəmə]). En effet, ce type de mots ne peut être correctement reconnu que par la procédure d'adressage nécessitant une représentation visuelle disponible dans le lexique visuel interne.

– les homophones non homographes ne sont pas souvent discriminés. Le sens est attribué en fonction du son et pas de la forme orthographique du mot. Il s'agit sans doute du symptôme le plus marquant chez ces enfants. En effet, ils ne semblent pas posséder de connaissances spécifiques relatives à la forme orthographique des mots. Ils accepteront donc, comme vrais mots, des pseudo-homophones écrits tels que «seurize» ou «aricau» (Valdois, 1996).

2. Selon Frith, cette dyslexie résulterait d'un blocage au niveau de la procédure alphabétique et donc d'une difficulté à accéder à la procédure orthographique (voir chapitre sur le développement normal de la lecture).

3. Les résultats de différentes études suggèrent qu'un trouble de nature visuo-attentionnel ferait partie du tableau clinique tant des dyslexies visuelles que des dyslexies de surface. Il a été souvent observé d'ailleurs que des enfants souffrant d'une dyslexie de surface évoluent vers une dyslexie visuelle. On peut alors observer une moindre difficulté pour la lecture des mots irréguliers et la persistance des erreurs visuelles (Valdois, 1996).

4. VA. Dyslexie de développement.
   VA. Dyslexie visuelle.
   VA. Procédure d'adressage déficiente.

DYSLEXIE VISUELLE (s.f.)

Forme de dyslexie de développement périphérique caractérisée par la présence de nombreuses paralexies visuelles non-sémantiques en lecture de mots isolés.

Notes:
1. Les cas de dyslexies de surface semblent évoluer vers une dyslexie visuelle. Ces deux types de dyslexies semblent, par ailleurs, comprendre un même trouble de nature visuo-attentionnel.

2. Les paralexies visuelles sont quasiment absentes en lecture de texte. L'enfant peut en effet profiter du contexte pour en extraire les informations sémantiques nécessaires et suffisantes pour produire le mot attendu.

3. La lecture de textes est lente et comprend de nombreuses erreurs sur des mots grammaticaux (omissions ou substitutions).

4. La lecture de mots isolés est relativement bonne et ne présente pas d'effet de régularité. Les performances sont équivalentes pour la lecture des mots réguliers, irréguliers et des pseudo-mots. C'est la nature des erreurs qui est caractéristique, il s'agirait toujours de paralexies visuelles.

5. Ce type de dyslexie est très rare et tous les auteurs ne sont pas d'accord pour affirmer son existence comme pathologie développementale.

6. VA. Dyslexie de développement.
   VA. Dyslexie de surface.

EFFET DE COMPLEXITÉ VS SIMPLE (s.m.)

Phénomène symptomatique d'un dysfonctionnement de la lecture qui se caractérise par des performances significativement moindres pour la lecture des mots complexes que des mots simples.

Notes: 1. Ce qui différencie les mots simples des mots complexes, c'est la présence de correspondances graphème-phonème plus complexes dans les seconds.
        2. L'effet de complexité peut témoigner d'un recours excessif à la procédure d'adressage.
        3. VA. Phénomène symptomatique d'un dysfonctionnement de la lecture.

EFFET DE FRÉQUENCE VS RARE (s.m.)

Phénomène symptomatique d'un dysfonctionnement de la lecture qui se caractérise par des performances significativement moindres pour la lecture des mots rares que des mots fréquents.

Note: VA. Phénomène symptomatique d'un dysfonctionnement de la lecture.

EFFET DE LEXICALITÉ (s.m.)

Phénomène symptomatique d'un dysfonctionnement de la lecture qui se caractérise par des performances significativement moindres pour la lecture des pseudo-mots que des mots.

Notes: 1. L'effet de lexicalité peut témoigner d'un recours excessif à la procédure d'adressage. En effet, l'enfant qui utilise préférentiellement la procédure d'assemblage obtiendra des performances identiques pour la lecture des non-mots que des mots.
        2. Cet effet peut éventuellement être le signe d'une dyslexie phonologique de développement.
        3. VA.   Lexicalisation.
           VA.   Procédure d'assemblage déficiente.
           VA.   Dyslexie phonologique de développement.
           VA.   Phénomène symptomatique d'un dysfonctionnement de la lecture.

EFFET DE LONGUEUR VS COURT (s.m.)

Phénomène symptomatique d'un dysfonctionnement de la lecture qui se caractérise par des performances significativement moindres pour la lecture des mots longs que des mots courts.

Note: VA. Phénomène symptomatique d'un dysfonctionnement de la lecture.

EFFET DE RÉGULARITÉ VS IRRÉGULIER (s.m.)

Phénomène symptomatique d'un dysfonctionnement de la lecture qui se caractérise par des performances significativement moindres pour la lecture des mots irréguliers que des mots réguliers.

Notes: 1. L'accès à la prononciation des mots se fait principalement, dans ce cas, par l'application stricte des règles de correspondance graphème-phonème.

2. Le nombre de représentations orthographiques stockées en mémoire est limité et ne permet donc pas la reconnaissance de nombreux mots irréguliers.
3. VA. Régularisation.
   VA. Procédure d'adressage déficiente.

ERREUR DE DÉCODAGE PARTIEL (s.f.)

Faute de lecture qui peut être symptomatique d'une dyslexie de développement et qui se caractérise par un traitement inadéquat et erroné de séquences lexiques rares ou/et irrégulières au moyen de la stratégie d'adressage.

Notes: 1. Les erreurs qui en découlent conduisent à une lexicalisation ou une régularisation abusives de séquences graphiques.
2. VA. Dyslexie de développement.
   VA. Lexicalisation.
   VA. Régularisation.

ERREUR DE TRADUCTION PHONOGRAPHIQUE (s.f.)

Faute de lecture qui peut être symptomatique d'une dyslexie de développement et qui se caractérise par la transformation d'un élément graphique en un autre avec lequel il partage des propriétés orthographiques et/ou phonologiques.

Syn.   Erreur spécifique de lecture, erreur typique de lecture, erreur phonologique.
Notes: 1. Ces erreurs, normales chez le lecteur néophyte, ne deviennent typiques de la dyslexie qu'à partir d'un certain âge et d'un certain taux de fréquence.
2. Bien souvent, c'est un mot proche visuellement qui est donné à la place du mot stimulus.
3. Exemples d'erreurs de traduction phonographique:
   «fable» est lu «table», «moisson» est lu «maison», «poison» est lu «poisson», «lion» est lu «loin»,...
4. VA. Dyslexie de développement.

HYPERLEXIE (n.f.)

Trouble de l'intégration sémantique et/ou syntaxique apparaissant chez des sujets bons au niveau de l'identification des mots, mais extrêmement faibles en compréhension de textes.

Notes: 1. «L'hyperlexie concerne des enfants dont les capacités de lecture apparaissent précocement (de manière constante, avant l'âge de 5 ans), (...)»
2. VA. Trouble de l'intégration sémantique et/ou syntaxique.

INVERSION (n.f.)

Erreur de traduction phonographique caractérisée par une permutation de graphèmes.

Notes: 1. On parle d'inversions statiques, dynamiques, de difficultés à différencier l'ordre de succession des lettres, de déplacements d'ordre graphique.

2. On constate typiquement que la compréhension écrite de ces enfants est similaire à leur compréhension orale.
3. VA. Erreur de traduction phonographique.

INVERSION DYNAMIQUE (s.f.)

Type d'inversion caractérisée par une difficulté à maintenir l'ordre correct de succession des lettres.

Syn.   Inversion kinétique, déplacement d'éléments graphiques (Lefavrais), difficulté à distinguer l'ordre de succession des lettres (L.L.Lambrichs), erreur séquentielle.
Notes: 1. Exemple: «nu» lu «un».
2. VA. Inversion.

INVERSION STATIQUE (s.f.)

Type d'inversion où le graphème est mal identifié et est remplacé par un autre proche sur le plan spatial.

Notes: 1. Exemple: «p» lu «q».
2. C'est le graphème même qui est affecté par ce type d'inversion: le lecteur fait subir à la lettre une rotation (ex: n-u) ou la déchiffre en miroir (b-d).
3. VA. Inversion.

LEXICALISATION (n.f.)

Erreur de décodage partiel qui consiste à assimiler un pseudo-mot ou un mot rare à un autre plus fréquent faisant partie du vocabulaire orthographique de l'enfant.

Notes: 1. Les règles de correspondance graphème-phonème ne sont pas correctement effectuées.
2. Ce type d'erreur témoigne d'un recours massif à la procédure d'adressage.
3. VA. Procédure d'assemblage déficiente.
VA. Effet de lexicalité.
VA. Erreur de décodage partiel.

OMISSION (n.f.)

Erreur de traduction phonographique caractérisée par le fait d'oublier des graphèmes ou des groupes de graphèmes en lecture.

Notes: 1. Exemple: «le cheval» lu «le cheva». (Lefavrais, p28)
2. VA. Erreur de traduction phonographique.

PHÉNOMÈNE SYMPTOMATIQUE D'UN DYSFONCTIONNE-MENT DE LA LECTURE (s.m.)

Erreur caractéristique apparaissant dans les dyslexies de développement altérant la lecture des mots ou des pseudo-mots et témoignant souvent d'une insuffisance au niveau de la procédure d'assemblage.

Note: VA. Dyslexie de développement.

PROCÉDURE D'ADRESSAGE DÉFICIENTE (s.f.)

Trouble favorisant le développement d'une dyslexie qui se caractérise par une atteinte des processus d'identification permettant l'appariement du mot écrit à une représentation orthographique.

Note: VA. Procédure d'adressage (chapitre sur le développement normal de la lecture).
VA. Identification (chapitre sur le développement normal de la lecture).

PROCÉDURE D'ASSEMBLAGE DÉFICIENTE (s.f.)

Trouble favorisant le développement d'une dyslexie qui se caractérise par une atteinte des processus de déchiffrage permettant l'appariement des segments graphémiques aux segments phonémiques correspondants.

Note: VA. Assemblage (chapitre sur le développement normal de la lecture).
VA. Déchiffrage (chapitre sur le développement normal de la lecture).

RÉGULARISATION (n.f.)

Erreur de décodage partiel qui consiste à appliquer strictement les règles de correspondance graphème-phonème pour la lecture des mots irréguliers.

Notes: 1. La lecture correcte d'un mot irrégulier nécessite d'en avoir une représentation orthographique préalable.
2. Le mot irrégulier ne peut être décodé que par la procédure d'adressage.
3. VA. Effet de régularité.
VA. Procédure d'adressage déficiente.
VA. Erreur de décodage partiel.

SUBSTITUTION (n.f.)

Erreur de traduction phonographique caractérisée par le décodage d'un signe à la place d'un autre.

Syn. Confusion.
Notes: 1. Ces substitutions peuvent affecter la lecture de phonèmes, de syllabes et de mots.
2. VA. Erreur de traduction phonographique.

SUBSTITUTION AUDITIVE (s.f.)

Type de substitution où un signe est lu à la place d'un autre parce qu'il est phonétiquement proche.

Syn. Confusion auditive, difficulté de différenciation auditive des sons du langage symbolisés par des lettres (L.L.Lambrichs)
Notes: 1. Exemple: «v» lu «f».
2. La majorité des substitutions auditives atteignent la distinction phonologique entre les consonnes sourdes et les consonnes sonores.
3. VA. Substitution.

SUBSTITUTION VISUELLE (s.f.)

Type de substitution où un signe est lu à la place d'un autre parce qu'il est graphématiquement proche.

Syn.   Confusion visuelle, difficulté de différenciation visuelle des signes (L.L.Lambrichs).

Notes: 1. Exemple: «m» lu «n», «a» lu «o».
             2. VA. Substitution.

TROUBLES AFFECTIFS (s.m.)

Trouble pouvant favoriser le développement d'une dyslexie de développement et qui se caractérise par un ensemble de symptômes atteignant l'équilibre psycho-affectif d'un individu.

Notes: 1. Les troubles affectifs peuvent davantage être considérés comme des facteurs associés aux troubles de la lecture que comme facteurs causaux.
             2. Les troubles affectifs sont inconstants chez un même individu et d'un individu à un autre et n'ont pas de valeur diagnostique ni pathogénique.

TROUBLE DE L'ATTENTION-CONCENTRATION (s.m.)

Dysfonctionnement cognitif caractérisé par une labilité trop importante des capacités à se maintenir à une tâche déterminée.

Notes: 1. L'attention de l'enfant est variable d'un jour à l'autre, d'une heure à l'autre. Les stimuli les plus insignifiants distraient son attention, perturbant ses capacités d'apprentissage.
             2. VA. Dysfonctionnement cognitif.

TROUBLE DE L'INTÉGRATION SÉMANTIQUE ET/OU SYNTAXIQUE (s.m.)

Trouble caractéristique apparaissant dans les dyslexies de développement et qui altère la fluidité et le sens dans l'acte lexique.

TROUBLE DU LANGAGE ORAL (s.m.)

Dysfonctionnement des facteurs instrumentaux qui se manifeste par des difficultés d'expression et de communication.

Notes: 1. L'enfant souffre d'un vocabulaire compris et exprimé réduit, ses constructions phrastiques sont pauvres, il éprouve des difficultés à communiquer verbalement (Klees, p13§4).
             2. VA. Dysfonctionnement des facteurs instrumentaux.

TROUBLE DE LA LATÉRALITÉ (s.m.)

Dysfonctionnement des facteurs instrumentaux concernant la dominance fonctionnelle d'un côté du corps sur l'autre.

Note: VA. Dysfonctionnement des facteurs instrumentaux.

TROUBLE DE LA MÉMOIRE (s.m.)

Dysfonctionnement cognitif consistant en une faiblesse de l'empan mnésique.

Notes: 1. Selon Lecocq, «le contraste entre les performances mnésiques des dyslexiques et des bons lecteurs semble restreint aux procédures qui utilisent du matériel phonétiquement recodable.» (p70§2)
2. VA. Dysfonctionnement cognitif.

TROUBLE DE LA MÉMOIRE DE TRAVAIL (s.m.)

Dysfonctionnement cognitif consistant en une faiblesse des processus mnésiques permettant le traitement des informations et la réalisation de tâches cognitives complexes en vue d'élaborer la mémoire à long terme.

Notes: 1. La mémoire de travail est une constituante de la mémoire à court terme.
2. VA. Dysfonctionnement cognitif.
   VA. Trouble de la mémoire.

TROUBLE DE LA MOTRICITÉ (s.m.)

Dysfonctionnement des facteurs instrumentaux atteignant l'ensemble des fonctions de mobilité d'un individu.

Notes: 1. Dans le développement moteur, nous tiendrons compte des problèmes d'organisation qui nécessitent la maturation du système nerveux central et les problèmes d'ordre relationnel. L'intérêt sera ainsi porté sur l'acte moteur, sur le sujet, ce qu'il est, ses aptitudes relationnelles, ainsi que sur la signification qu'il donne à ses actes.
2. On peut ajouter à cette définition les troubles de la motricité fine et les troubles de la motricité oculaire.
3. VA. Dysfonctionnement des facteurs instrumentaux.

TROUBLE AU NIVEAU DU NOMBRE DE PAUSES (s.m.)

Trouble de l'intégration sémantique et/ou syntaxique caractérisé par des arrêts intempestifs et trop fréquents dans la lecture qui engendrent une lecture syllabique, entravant considérablement la fluidité de l'acte lexique.

Note: VA. Trouble de l'intégration sémantique et/ou syntaxique.

TROUBLE AU NIVEAU DE LA QUALITÉ DES PAUSES (s.m.)

Trouble de l'intégration sémantique et/ou syntaxique caractérisé par un groupement mal approprié de mots au sein de l'acte lexique.

Syn. Coupure inappropriée.
Notes: 1. Il est probable que ce trouble soit lié à une mauvaise compréhension du texte lu. Dans ce contexte le lecteur devient incapable de regrouper les mots entre eux de façon adéquate.
2. VA. Trouble de l'intégration sémantique et/ou syntaxique.

TROUBLE DE L'ORDRE TEMPOREL (s.m.)

Dysfonctionnement des facteurs instrumentaux caractérisé par des difficultés dans la perception et/ou la rétention d'éléments présentés en succession.

Syn.   Déficit sériel, déficit de la perception de l'ordre temporel, trouble sériel, trouble du rythme.

Notes: 1. Selon différentes études, l'organisation temporelle est plus fréquemment perturbée chez les mauvais lecteurs et de manière significative.
        2. Ce trouble n'apparaît pas de façon systématique dans tous les cas de dyslexies de développement.
        3. VA. Dysfonctionnement des facteurs instrumentaux.

TROUBLE DE L'ORGANISATION SPATIALE (s.m.)

Dysfonctionnement des facteurs instrumentaux, pouvant être associé à la dyslexie de développement, qui atteint les capacités d'orientation et de structuration de l'individu dans l'espace.

Notes: 1. L'organisation spatiale permet de reconnaître et de distinguer les graphèmes les uns des autres en fonction de leur orientation. Cependant, différents travaux de recherche ont été effectués sans pouvoir mettre en évidence des différences significatives entre les bons et les mauvais lecteurs au niveau de la structuration spatiale.
        2. Ce trouble ne peut donc être considéré comme une cause de la dyslexie de développement.
        3. VA. Dysfonctionnement des facteurs instrumentaux.

TROUBLE DE LA PERCEPTION (s.m.)

Dysfonctionnement cognitif caractérisé par une incapacité à coordonner les impressions transmises par les sens et à les interpréter comme représentant un tout cohérent et significatif.

Notes: 1. Il peut s'agir d'un trouble de la perception auditive ou de la perception visuelle.
        2. VA. Dysfonctionnement cognitif.

TROUBLE DU SCHÉMA CORPOREL (s.m.)

Dysfonctionnement des facteurs instrumentaux atteignant l'investissement du corps et son insertion dans l'espace.

Note: VA. Dysfonctionnement des facteurs instrumentaux.

TROUBLES DE L'ÉCRITURE

1. AU NIVEAU DU GRAPHISME: DYSGRAPHIE

A. DIFFICULTÉS DE LA MOTRICITÉ GRAPHIQUE:

Retard graphomoteur

Perturbation graphique non spécifique:
Désordre de l'écriture
Dysgraphie secondaire
Ecriture en miroir

Dysgraphie spécifique:
Syndromes de dysgraphies spécifiques:
Les impulsifs
Les lents et précis
Les maladroits
Les mous
Les raides
Symptômes des dysgraphies spécifiques:
Insuffisance d'aisance du mouvement:
1. Aspect anguleux
2. Lettre retouchée
3. Lignes serrées
4. Mots serrés
5. Télescopage
Inscription défectueuse:
Ecriture en surface
Atteinte de la progression:
1. Absence de mouvement
2. Altération de la pression
3. Irrégularité de dimension:
   – Atrophie de l'écriture
   – Espace irrégulier entre les mots
   – Forme mal proportionnée
   – Irrégularité de direction
   – Ligne descendante
   – Ligne fluctuante
   – Mauvaise organisation de la page
   – Mot dansant

– Mouvement flottant
– Trait de mauvaise qualité
4. Troubles affectant la vitesse:
   – Lenteur
   – Impulsivité graphique
   – Ecriture saccadée

Ebauche de crampe:
1. Crampe infantile
2. Forme B
3. Forme paratonique

B. Dysgraphie de niveau:

Dysgraphie familiale

Dysgraphie d'identification

C. Trouble relationnel:

Dysgraphie relationnelle:
Ecriture discordante
Ecriture négligée

Dysgraphie réactionnelle

Dysgraphie de compensation

Dysgraphie symptomatique
Crampe de l'écrivain

D. Phobie de la scription:

Graphophobie

Dysgraphophobie

E. Dysgraphie prétexte:

Dysgraphie d'alibi

Dysgraphie de diversion

2. AU NIVEAU DE L'ORTHOGRAPHE: DYSORTHOGRAPHIE DE DÉVELOPPEMENT

A. Symptomatologie:

Erreurs de traduction phonographique:
Substitution:
1) Substitution visuelle
2) Substitution auditive

Omission
Addition
Inversion:
    1) Inversion statique
    2) Inversion kinétique

Trouble de l'intégration sémantique et/ou syntaxique:
Erreurs de césure:
    1) Contraction
    2) Décontraction

B. PATHOGÉNIE:

Formes de dysorthographies de développement:
Dysorthographie de surface
Dysorthographie phonologique
Dysorthographie mixte

Phénomènes symptomatiques d'un dysfonctionnement de l'orthographe:
Effet de complexité vs simple
Effet de fréquence vs rare
Effet de longueur vs court
Effet de régularité vs irrégulier
Effet de lexicalité

C. ETIOPATHOGÉNIE DIRECTE:

Dysfonctionnements cognitifs:
Trouble de l'attention-concentration
Trouble de la mémoire:
    Trouble de la mémoire de travail
Trouble de la perception

D. ETIOPATHOGÉNIE ASSOCIÉE:

Dysfonctionnements des facteurs instrumentaux:
Trouble de la motricité
Trouble du schéma corporel
Trouble de la latéralité
Trouble de l'organisation spatiale
Trouble de l'ordre temporel
Trouble du langage oral

Troubles affectifs

ABSENCE DE MOUVEMENT (s.f.)

Symptôme graphique d'une atteinte de la progression qui affecte le geste cursif caractérisé par un graphisme qui ne donne aucune impression de progression vers la droite.

Notes: 1. «L'enfant, au début de l'apprentissage, est confronté à la nécessité de reproduire des lettres dont la réalisation absorbe toute sa perception et son effort graphomoteur. La forme précède donc le mouvement et c'est en ce sens que l'on peut comprendre qu'Ajurriaguerra a fait de l'absence de mouvement, les lettres ayant l'air posées les unes à côté des autres, un item de forme».
   2. Les lettres sont proposées sur la ligne comme des objets et sont exécutées isolément.
   3. L'absence de mouvement se retrouve principalement dans le syndrome des «lents et précis».
   4. VA. Atteinte de la progression.
      VA. Syndrome des «lents et précis».

ADDITION (n.f.)

Erreur de traduction phonographique caractérisée par l'ajout de graphèmes ou d'un groupe de graphèmes à ceux qui représentent le mot.

Syn.   Ajout, insertion, adjonction.
Notes: 1. Cette erreur devient spécifique d'une dysorthographie dès l'âge de 7 ans.
   2. Ex. «herbe» écrit «herbre».
   3. L'origine peut parfois être due à l'emploi de stratégies logographiques.
   4. VA. Erreur de traduction phonographique.

ALTÉRATION DE LA PRESSION (s.f.)

Symptôme graphique d'une atteinte de la progression qui se manifeste par une insuffisance, un excès ou des altérations de la force employée dans le geste graphique et qui en perturbe l'exécution.

Notes: 1. L'altération de la pression est une des nombreuses causes de la fatigue liée au geste graphique.
   2. L'altération de la pression se retrouve principalement dans le syndrome des «lents et précis».
   3. VA. Atteinte de la progression.
      VA. Syndrome des «lents et précis».

ASPECT ANGULEUX (s.m.)

Symptôme graphique d'une insuffisance d'aisance du mouvement qui se caractérise par une raideur dans le déroulement graphique accusé par la présence d'angles à la base des mots et au niveau des formes de liaison.

Notes: 1. Le même phénomène d'angulation peut s'étendre au galbe arrondi du m, n et aux incurvations du u et du v, remplacées par un angle aigu.
   2. Le phénomène d'angulation participe à la progression raidie de l'ensemble.
   3. Les formes de liaison, les arcades, qui devraient être en courbe, sont remplacées par une succession de petits angles aigus donnant au tracé un aspect anguleux très caractéristique.

4. L'aspect anguleux se retrouve principalement dans le syndrome des «raides».
5. VA. Insuffisance d'aisance du mouvement.
   VA. Syndrome des «raides».

ATROPHIE DE L'ÉCRITURE (s.f.)

Symptôme graphique d'une irrégularité de dimension qui se caractérise par une réduction des lettres qui perdent leur ampleur normale provoquant ainsi des problèmes de lisibilité.

Notes: 1. L'atrophie de l'écriture se retrouve principalement dans le syndrome des «maladroits» et dans celui des «mous».
2. VA. Irrégularité de dimension.
   VA. Syndrome des «maladroits».
   VA. Syndrome des «mous».

ATTEINTE DE LA PROGRESSION (s.f.)

Symptôme des dysgraphies spécifiques se manifestant par une avancée graphique défectueuse due à une mauvaise coordination motrice, des gestes moteurs mal adaptés ou une mauvaise position de la feuille.

Syn. Progression défectueuse.
Notes: 1. Les causes possibles de l'atteinte de la progression, telles que la mauvaise coordination motrice ou une mauvaise adaptation des gestes moteurs par exemple, peuvent expliquer une lenteur excessive, des crispations et autres symptômes très typiques.
2. La vitesse et la pression sont deux facteurs influençant directement la progression.
3. Inscription et progression ne peuvent être dissociées.
4. VA. Symptôme des dysgraphies spécifiques.

CONTRACTION (n.f.)

Type d'erreur de césure qui consiste à écrire deux mots en un.

Notes: 1. Cette erreur ne devient spécifique d'une dysorthographie qu'à partir de 8-9 ans.
2. Ex.: «l'odeur» écrit «lodeur».
3. VA. Erreur de césure.

CRAMPE DE L'ÉCRIVAIN (s.f.)

Dysgraphie symptomatique qui se manifeste au moment de la saisie de l'instrument scripteur, par l'apparition d'une contracture disparaissant dès que le sujet dépose cet instrument.

Notes: 1. Le développement lent et insidieux débute par une légère fatigabilité à la scription et évolue vers une quasi impossibilité d'écrire.
2. La crampe, limitée d'abord aux doigts, peut s'étendre ensuite au poignet, au bras entier et parfois même à l'épaule.
3. Toutes les crampes de l'écrivain ne sont pas symptomatiques, un certain nombre d'entre elles résultent de difficultés neurologiques.
4. VA. Dysgraphie symptomatique.

CRAMPE INFANTILE (s.f.)

Forme la plus grave de l'ébauche de crampe ressemblant beaucoup à certaines formes de crampes adultes et qui se caractérise par des secousses de l'épaule, de fortes contractions, des mouvements des doigts très diminués, des articulations crispées et une vitesse d'écriture normale difficile à atteindre.

Syn.   Forme C de l'ébauche de crampe.
Notes: 1. Cette forme est hypertonique et dyskinétique.
             2. VA. Ebauche de crampe.

DÉCONTRACTION (n.f.)

Type d'erreur de césure qui consiste en la séparation d'un mot en deux parties.

Notes: 1. Cette erreur ne devient spécifique d'une dysorthographie qu'au-delà de 8-9 ans.
             2. Ex.: «j'écoute» écrit «j'ai coute».
                «écoute» écrit «et coute».
             3. VA. Erreur de césure.

DÉSORDRE DE L'ÉCRITURE (s.m.)

Perturbation graphique non-spécifique caractérisée par un trouble du graphisme pouvant être la conséquence de difficultés motrices, praxiques, tensionnelles, affectives, d'une méconnaissance de la langue, d'un retard ou de circonstances défavorables rencontrées lors de la période d'apprentissage.

Syn.   Trouble de l'écriture, trouble scriptural, désordre graphique.
Note: VA. Perturbation graphique non-spécifique.

DIFFICULTÉ DE LA MOTRICITÉ GRAPHIQUE (s.f.)

Désordre de l'écriture ayant pour origine une défectuosité de l'appareil de commande et d'exécution.

Syn.   Perturbation de l'instrument graphomoteur.
Notes: 1. Cette difficulté porte sur la fonction motrice, celle qui permet de laisser une trace écrite.
             2. VA. Retard graphomoteur.
                VA. Perturbations non-spécifiques.
                VA. Dysgraphies spécifiques.

DYSFONCTIONNEMENT COGNITIF (s.m.)

Trouble de certains constituants du fonctionnement intellectuel favorisant le développement d'une dysorthographie et qui, sans être la cause de la dysorthographie, peut y être ajouté, et provoquer, dès lors, une difficulté supplémentaire dont on doit tenir compte en remédiation.

Syn.   Dysfonctionnement conjoint .

Notes: 1. Ces troubles associés vont amener la notion de dysorthographie accompagnée.
2. Ces troubles sont généralement révélateurs d'un problème fondamental de structuration, ce qui est à notre avis, une difficulté majeure des dysorthographiques.
3. VA. Trouble de l'attention-concentration.
VA. Trouble de la mémoire.
VA. Trouble de la perception.

DYSFONCTIONNEMENT DES FACTEURS INSTRUMENTAUX (s.m.)

Trouble favorisant le développement d'une dysorthographie et qui se caractérise par un ensemble de symptômes atteignant l'organisation d'un ou plusieurs facteurs de fonctionnement d'un individu.

Syn. Trouble instrumental.
Notes: 1. Ce type de trouble peut concerner la latéralité, les organisations spatiale et temporelle, la motricité, le schéma corporel, le langage oral.
2. Les troubles instrumentaux sont à l'heure actuelle considérés plus comme des facteurs associés et non plus comme des facteurs de causalité.
3. Les troubles associés à la dysorthographie de développement (retard de langage, difficulté de structuration spatiale et temporelle, dyslatéralité) sont inconstants et n'ont pas de valeur diagnostique ni pathogénique.

DYSGRAPHIE (n.f.)

Trouble du geste graphique qui affecte l'écriture tant dans sa scription que dans son tracé sans qu'un déficit intellectuel ou neurologique ne justifie cette perturbation. Ce trouble se manifeste par une écriture anormalement lente ou anormalement fatigante, dont la lisibilité est insuffisante et dont le niveau n'est pas conforme à l'âge ni aux possibilités instrumentales du scripteur.

Notes: 1. La dysgraphie peut résulter de difficultés motrices, praxiques, tensionnelles, affectives, ou encore d'une méconnaissance de la langue.
2. Les dysgraphies sont nettement plus fréquentes chez les garçons que chez les filles (dans une proportion de 4 à 1). Les différentes hypothèses émises pour expliquer une telle différence n'ont semble-t-il pas encore été prouvées scientifiquement.

DYSGRAPHIE D'ALIBI (s.f.)

Dysgraphie prétexte revêtant un certain caractère hystérique ou servant d'excuse à un refus de travailler.
Note: VA. Dysgraphie prétexte.

DYSGRAPHIE DE COMPENSATION (s.f.)

Trouble de l'écriture, d'origine relationnelle, s'établissant ordinairement sur des graphismes pauvres et qui s'explique par un désir de compenser une infériorité réelle ou supposée, pas forcément graphique d'ailleurs.

Notes: 1. La dysgraphie de compensation se manifeste dans des écritures compliquées, recherchées, artificielles ou rigides et aussi systématiquement déformées pour imiter celles des grandes personnes.
2. Certains cas d'application excessive peuvent apparaître comme de véritables dysgraphies de séduction. Celles-ci peuvent être considérées comme des dysgraphies de compensation.
3. VA. Trouble relationnel.

DYSGRAPHIE DE DIVERSION (s.f.)

Dysgraphie prétexte servant à cacher et à détourner l'attention d'une autre difficulté.

Syn.   Dysgraphie de remplacement.
Notes: 1. Le problème de l'écriture cache une autre problématique; il arrive qu'une difficulté graphique insignifiante soit ainsi majorée pour devenir un faux problème comme une sorte d'objet de remplacement qu'on substitue à des difficultés réelles souvent d'ordre psychologique.
2. VA. Dysgraphie prétexte.

DYSGRAPHIE DE NIVEAU (s.f.)

Désordre de l'écriture portant atteinte à la valeur expressive et représentative de l'écriture, et qui affecte son niveau réel.

Syn.   Dysgraphie d'évolution, perturbation du niveau scriptural.
Notes: 1. Dans ce trouble, l'écriture est difficile à lire tant elle est rendue impersonnelle, dépourvue de caractère.
2. Les caractéristiques de ce trouble ne sont pas précises si ce n'est le caractère impersonnel prédominant de l'écriture.

DYSGRAPHIE D'IDENTIFICATION (s.f.)

Dysgraphie de niveau provenant du désir excessif d'imitation d'un modèle et aboutissant à une écriture dénaturée, dépersonnalisée.

Notes: 1. Cette attitude fréquente au début de l'adolescence ne peut être alors considérée comme une dysgraphie proprement dite.
2. VA. Dysgraphie de niveau.

DYSGRAPHIE FAMILIALE (s.f.)

Dysgraphie de niveau résultant d'un investissement et d'une attention excessive de l'écriture manifestée par la famille pouvant être préjudiciable à sa maturation.

Notes: 1. Ce trouble apparaît plus particulièrement dans les milieux intellectuels et plus précisément médicaux et psychologiques.
2. Dans ces dysgraphies familiales, la perturbation existe comme un symptôme, peut-être effectivement hérité, d'une anxiété plus ou moins grave.

DYSGRAPHIE PRÉTEXTE (s.f.)

Désordre de l'écriture qui exprime inconsciemment des difficultés affectives et ne représente qu'un prétexte à consultation.

DYSGRAPHIE RÉACTIONNELLE (s.f.)

Trouble de l'écriture, d'origine relationnelle, se manifestant par des difficultés graphiques exploitant d'une façon privilégiée une tendance ou une faiblesse naturelle au niveau de l'écriture et exprimant une réaction de défense ou d'opposition.

Syn.   Dysgraphie de défense.
Notes: 1. Une nuance «d'intention» distingue les dysgraphies réactionnelles plus ou moins délibérées des dysgraphies symptomatiques.
2. VA. Dysgraphie symptomatique.
VA. Trouble relationnel.

DYSGRAPHIE RELATIONNELLE (s.f.)

Trouble de l'écriture, d'origine affective, qui se traduit par un message écrit soit peu lisible, soit peu attractif par sa présentation désordonnée.

Syn.   Dysgraphie par illisibilité.
Notes: 1. Nous pouvons parler de dysgraphie relationnelle lorsque le message n'est pas suffisamment lisible, s'il exige un décryptage minutieux et lent ou encore quand il décourage ou repousse par une présentation désordonnée.
2. VA. Trouble relationnel.

DYSGRAPHIE SECONDAIRE (s.f.)

Perturbation non-spécifique de la motricité graphique résultant d'un déficit neurologique ou intellectuel qui, en fonction de la gravité du trouble primaire, fait passer à l'arrière-plan la perturbation graphique.

Notes: 1. Le trouble sort du champ d'action du logopède si ce n'est pour parachever au plan de la motricité fine une rééducation de la motricité générale.
2. VA. Difficultés de la motricité graphique.
VA. Perturbation graphique non-spécifique.

DYSGRAPHIE SPÉCIFIQUE (s.f.)

Difficulté spécifique de la motricité graphique résultant directement d'une utilisation inadéquate de l'instrument graphomoteur avec des positions et des tenues défectueuses et se traduisant dans l'insuffisance ou l'excès de la vitesse ou de la pression.

Syn.   Dysgraphie instrumentale.
Notes: 1. C'est le type de dysgraphie le plus fréquent, le plus représentatif aussi de l'ensemble des perturbations de l'écriture et de la scription.
2. Le mouvement de la scription est perturbé et peut créer un réel handicap pour le scripteur.
3. Le tracé est donc également perturbé dans son aisance, sa vitesse et sa lisibilité.
4. Cette perturbation peut engendrer, sur le plan moteur, fatigue et crispation.
5. La dysgraphie spécifique est souvent due à une déficience ou à un dysfonctionnement graphomoteur.

DYSGRAPHIE SYMPTOMATIQUE (s.f.)

Trouble de l'écriture d'origine relationnelle, se manifestant par une dysgraphie qui n'est que le signe secondaire de difficultés qui s'élaborent plus profondément.

Notes: 1. Une nuance d' «intention» distingue les dysgraphies réactionnelles des dysgraphies symptomatiques: les premières sont plus ou moins délibérées alors que les secondes ne le sont pas.
2. Dans le cas des dysgraphies réactionnelles comme des dysgraphies symptomatiques, si un trouble instrumental n'est pas à exclure, il est également vrai que l'aspect relationnel de l'écriture est directement atteint.
3. VA. Trouble relationnel.

DYSGRAPHOPHOBIE (n.f.)

Phobie de la scription se traduisant par une peur de devenir dysgraphique, d'avoir une «maladie de l'écriture» suite à un investissement excessif, une survalorisation de l'expression écrite, chez le sujet ou chez ses parents.

Note: VA. Phobie de la scription.

DYSORTHOGRAPHIE DE DÉVELOPPEMENT (s.f.)

Trouble spécifique de l'orthographe se manifestant par une difficulté à apprendre l'orthographe en dépit d'un enseignement classique, d'une intelligence suffisante, et de facilités socioculturelles, qui relève d'inaptitudes cognitives fondamentales ayant fréquemment une origine constitutionnelle.

Syn. Dysorthographie de l'enfant.
Notes: 1. Une dysorthographie suit ou accompagne une dyslexie dans deux tiers des cas environ.
2. Le terme «dysgraphie» est employé par les anglophones pour désigner la dysorthographie. En français, «dysgraphie» revêt une autre signification puisqu'il concerne plus spécifiquement les troubles du graphisme.

DYSORTHOGRAPHIE MIXTE (s.f.)

Forme de dysorthographie de développement où l'apprenti scripteur présente des déficits sévères dans les procédures d'assemblage et d'adressage.

Note: VA. Forme de dysorthographie de développement.
VA. Procédure d'assemblage et d'adressage (chapitre sur le développement normal).

DYSORTHOGRAPHIE PHONOLOGIQUE (s.f.)

Forme de dysorthographie de développement où l'apprenti scripteur n'utilise pas la voie phonologique et témoigne d'une non-maîtrise du stade alphabétique pour écrire les mots.

Notes: 1. L'enfant peut orthographier des mots existant (même irréguliers) dans la langue, mais non les non-mots et les phonèmes isolés.
2. La mémoire tampon phonologique aurait une capacité réduite.
3. La voie lexicale est dans un état relativement embryonnaire.
4. Des cas purs de dysorthographie phonologique sont rares dans la pratique.
5. Dans la littérature anglophone, on retrouvera le plus souvent le terme de «dysgraphie phonologique» pour désigner ce concept.
6. VA. Forme de dysorthographie de développement.
   VA. Voie phonologique.
   VA. Stade alphabétique (chapitre sur le développement normal).
   VA. Mémoire tampon phonologique.

DYSORTHOGRAPHIE DE SURFACE (s.f.)

Forme de dysorthographie de développement où l'apprenti scripteur n'utilise principalement que la voie phonologique pour écrire les mots sans atteindre la maîtrise du stade orthographique.

Syn. Dysorthographie lexicale.
Notes: 1. Atteinte du système de production graphémique ce qui oblige l'enfant, pour orthographier les mots, à utiliser le système de conversion graphème-phonème.
2. Altération sélective de la procédure d'adressage: il écrit parfaitement, sous dictée, les pseudo-mots alors qu'il présente d'importantes difficultés à orthographier les mots à orthographe ambiguë ou exceptionnelle (tant en écriture sous dictée qu'en écriture spontanée, qu'en dénomination écrite ou en épellation orale). Les erreurs produites sont phonologiquement plausibles et vont dans le sens d'une régularisation de l'orthographe.
3. A la différence de l'adulte, la voie phonologique à laquelle l'enfant fait appel ne serait qu'imparfaitement développée.
4. Des cas purs de dysorthographie de surface sont rares dans la pratique.
5. Le terme «dysgraphie de surface» sera le plus souvent privilégié dans la littérature anglophone pour désigner ce concept.
6. VA. Forme de dysorthographie de développement.
   VA. Voie phonologique.
   VA. Stade orthographique (chapitre sur le développement normal).
   VA. Procédure d'adressage (chapitre sur le développement normal).

ÉBAUCHE DE CRAMPE (s.f.)

Symptôme des dysgraphies spécifiques consistant en un trouble intense de l'écriture et se manifestant par une crispation très importante, des phénomènes douloureux et des arrêts forcés au cours de l'écriture.

Notes: 1. A la base de ce symptôme, on retrouve, dans des proportions variables d'un enfant à l'autre, une dysgraphie et des difficultés d'orthographe; ce sont souvent des enfants lents et maladroits ayant un retard dans le développement moteur et dont le contrôle de l'activité est déficient. Elles peuvent s'accompagner de troubles affectifs. Il arrive qu'aucune origine bien nette du trouble ne puisse être décelée.
2. Les ébauches de crampe sont presque toujours l'expression d'importantes difficultés motrices.

ÉCRITURE DISCORDANTE (s.f.)

Symptôme des dysgraphies relationnelles se traduisant par une écriture comportant des inégalités excessives de dimension, de direction, d'inclinaison ainsi que de grandes irrégularités d'ordonnance affectant l'empagement, ce qui conduit à une illisibilité totale.

Syn.   Illisibilité par discordance.
Notes: 1. Cette perturbation relève ordinairement d'un mouvement excessif, d'une agitation, d'une émotivité mal maîtrisée et peut aussi traduire la recherche de compensation d'une écriture jugée impersonnelle.
2. Dans le cas de l'écriture négligée, on parlera de lisibilité difficile ou insuffisante alors que dans le cas de l'écriture discordante, il s'agira d'une réelle illisibilité, quelle que soit la bonne volonté du lecteur.
3. VA. Dysgraphie relationnelle.

ÉCRITURE EN MIROIR (s.f.)

Perturbation non-spécifique de la motricité graphique se manifestant par une écriture dans laquelle les lettres se suivent de droite à gauche comme si elles étaient vues dans un miroir.

Notes: 1. L'écriture en miroir est une manifestation graphique pouvant résulter de trois causes bien différenciées: un trouble de la représentation de l'espace, un trouble relationnel ou un problème de gaucherie.
2. Ce trouble apparaît surtout chez des sujets très jeunes et dans la première année d'apprentissage.
3. Certains auteurs estiment que l'écriture en miroir peut être non seulement un trouble d'ordre neurologique mais aussi une manifestation d'opposition ou une simple attitude ludique.
4. VA. Perturbation graphique non-spécifique.

ÉCRITURE SACCADÉE (s.f.)

Trouble du graphisme affectant la vitesse d'écriture et qui se caractérise par des à-coups dans la progression graphique.

Notes: 1. L'écriture saccadée se caractérise principalement par des accélérations et par des freinages irréguliers et brusques.
2. Au niveau du tracé, on peut observer des variations de dimension et de direction (même à l'intérieur d'un mot).
3. Le scripteur souffre alors bien souvent de fatigue avec risque de crispation.
4. VA. Trouble affectant la vitesse.

ÉCRITURE EN SURFACE (s.f.)

Symptôme graphique d'une inscription défectueuse caractérisé par une écriture où les courbes prédominent au détriment des bâtons droits par incapacité à exécuter des traits droits fermes et assurés.

Syn.   Ecriture en surface enfantine.
Notes: 1. Ce symptôme peut se retrouver dans plusieurs syndromes de dysgraphies spécifiques: le groupe des "lents et précis", celui des "maladroits" et celui des "mous".

2. L'écriture en surface résulte de la maladresse générale dans la conduite du trait.
3. VA. Inscription défectueuse.

ÉCRITURE NÉGLIGÉE (s.f.)

Symptôme d'une dysgraphie relationnelle se manifestant par un relâchement de la forme qui se traduit dans une écriture déjà évoluée.

Syn. Lisibilité insuffisante par négligence.
Notes: 1. Il s'agit d'une sorte de «laisser-aller» graphique dans lequel le souci d'être lisible reste très secondaire. Cette perturbation s'accompagne d'un manque d'ordre dans la mise en page (absence de paragraphes, de marges), d'une ouverture des lettres ordinairement fermées, d'une tendance filiforme plus ou moins marquée, d'inachèvements.
2. VA. Dysgraphie relationnelle.

EFFET DE COMPLEXITÉ VS SIMPLE (s.m.)

Phénomène symptomatique d'un dysfonctionnement de l'orthographe qui se caractérise par des performances significativement moindres pour l'orthographe des mots complexes que des mots simples.

Notes: 1. Ce qui différencie les mots simples des mots complexes, c'est la présence de règles de correspondance phonème-graphème plus complexes dans les seconds.
2. L'effet de complexité peut témoigner d'un recours excessif à la procédure d'adressage.
3. VA. Phénomène symptomatique d'un dysfonctionnement de l'orthographe.

EFFET DE FRÉQUENCE VS RARE (s.m.)

Phénomène symptomatique d'un dysfonctionnement de l'orthographe qui se caractérise par des performances significativement moindres pour l'orthographe des mots rares que des mots fréquents.

Note: VA. Phénomène symptomatique d'un dysfonctionnement de l'orthographe.

EFFET DE LEXICALITÉ (s.m.)

Phénomène symptomatique d'un dysfonctionnement de l'orthographe qui se caractérise par des performances significativement moindres pour orthographier des pseudo-mots que des mots.

Notes: 1. L'effet de lexicalité peut témoigner d'un recours excessif à la procédure d'adressage. En effet, l'enfant qui utilise préférentiellement la procédure d'assemblage obtiendra des performances identiques pour orthographier des non-mots que des mots.
2. Cet effet peut éventuellement être le signe d'une dysorthographie phonologique de développement.
3. VA. Lexicalisation.
   VA. Procédure d'assemblage déficiente.
   VA. Dysorthographie phonologique de développement.
   VA. Phénomène symptomatique d'un dysfonctionnement de l'orthographe.

EFFET DE LONGUEUR VS COURT (s.m.)

Phénomène symptomatique d'un dysfonctionnement de l'orthographe qui se caractérise par des performances significativement moindres pour orthographier des mots longs que des mots courts.

Note: VA. Phénomène symptomatique d'un dysfonctionnement de l'orthographe.

EFFET DE RÉGULARITÉ VS IRRÉGULIER (s.m.)

Phénomène symptomatique d'un dysfonctionnement de l'orthographe qui se caractérise par des performances significativement moindres pour l'écriture des mots irréguliers que des mots réguliers.

Notes: 1. L'orthographe des mots se fait principalement, dans ce cas, par l'application stricte des règles de correspondance phonème-graphème.
2. Le nombre de représentations orthographiques stockées en mémoire est limité et ne permet donc pas de transcrire de nombreux mots irréguliers.
3. VA. Régularisation.
   VA. Procédure d'adressage déficiente.

ERREUR DE CÉSURE (s.f.)

Trouble de l'intégration sémantique et/ou syntaxique survenant dans la lecture et dans l'orthographe et qui reflète une incompréhension du mot donné à écrire ainsi que de l'individualité du mot.

Syn.   Erreur de segmentation.
Note: VA. Trouble de l'intégration sémantique et/ou syntaxique.
   VA. Contraction.
   VA. Décontraction.

ERREUR DE TRADUCTION PHONOGRAPHIQUE (s.f.)

Faute d'orthographe qui peut être symptomatique d'une dysorthographie de développement et qui se caractérise par la transformation, sur le plan graphique, d'un élément phonétique en un autre avec lequel il partage des propriétés orthographiques et/ou phonologiques.

Syn.   Erreur spécifique d'orthographe, erreur typique d'orthographe, erreur phonologique.
Notes: 1. Ces erreurs, normales chez le jeune apprenti, ne deviennent typiques de la dysorthographie qu'à partir d'un certain âge et d'un certain taux de fréquence.
2. Bien souvent, c'est un mot proche visuellement qui est donné à la place du mot stimulus.
3. Exemples d'erreurs de traduction phonographique:
   «fable» est écrit «table», «poison» est écrit «poisson», «lion» est écrit «loin»,…
4. VA. Dysorthographie de développement.

ESPACE IRRÉGULIER ENTRE LES MOTS (s.m.)

Symptôme graphique d'une irrégularité de dimension se caractérisant par une absence de continuité entre les mots (coupures ou espacements excessifs) ou une continuité exagérée entraînant une liaison intempestive des mots entre eux.

Notes: 1. L'espace irrégulier entre les mots se retrouve principalement dans le syndrome des «maladroits».
2. VA. Irrégularité de dimension.
   VA. Syndrome des «maladroits».

FORME B (DE L'ÉBAUCHE DE CRAMPE) (s.f.)

Ebauche de crampe se manifestant par des variations de tonus, des irrégularités du mouvement par petites saccades d'inscription, des freinages épisodiques brusques, une lenteur non acceptée.

Notes: 1. La précision de l'écriture est sacrifiée au profit d'une recherche de rapidité qui conduit à une fatigue et une exagération des phénomènes douloureux.
2. Cette forme d'ébauche de crampe comporte à la fois des difficultés plus ou moins importantes sur le plan tonique et sur le plan du mouvement.
3. VA. Ebauche de crampe.

FORME MAL PROPORTIONNÉE (s.f.)

Symptôme graphique d'une irrégularité de dimension se traduisant par une réduction ou une exagération des proportions des lettres au niveau des jambages, des hampes et du corps des lettres.

Notes: 1. Les trois zones de l'écriture comprennent les hampes (zone supérieure), les jambages (zone inférieure) et le corps des lettres (zone médiane).
2. La forme mal proportionnée se retrouve principalement dans le syndrome des «maladroits».
3. VA. Irrégularité de dimension.
   VA. Syndrome des «maladroits».

FORME «PARATONIQUE» (s.f.)

Ebauche de crampe présentant, en plus des trois signes dominants, d'autres manifestations, à savoir: un mouvement relativement régulier, une lenteur voulue, de la crispation, un déplacement pénible et une recherche de contrôle.

Syn. Forme A de l'ébauche de crampe.
Notes: 1. L'écriture est souvent précise, méticuleuse, avec des goûts calligraphiques.
2. VA. Ebauche de crampe.

GRAPHOPHOBIE (n.f.)

Phobie de la scription ou de l'écriture se manifestant par une peur, mais aussi par des refus ou désintérêts marqués, susceptibles de les affecter et entraînant des troubles très réels tels que fatigabilité, crispation et illisibilité.

Note: VA. Phobie de la scription.

IMPULSIFS (GROUPE DES) (n.m.)

Syndrome de dysgraphie spécifique se caractérisant par une impulsivité graphique, un «excès de vitesse» sans souci de qualité, donnant à l'ensemble du tracé un aspect heurté et mal contrôlé, manquant d'organisation.

Syn.   Insuffisance de frein.
Notes: 1. On peut trouver ce syndrome à l'état pur mais il est le plus souvent associé à d'autres syndromes sauf celui des «lents et précis».
2. Généralement, ce groupe accuse, à la scription, une fatigue anormale.

IMPULSIVITÉ GRAPHIQUE (s.f.)

Trouble affectant la vitesse et qui se caractérise par un geste graphique mal contrôlé et un manque de frein dans sa progression.

Syn.   Finale lancée, manque de frein à la progression.
Notes: 1. Cette impulsivité entraîne une diminution de la lisibilité et/ou une fatigue anormale.
2. Ce trouble peut se manifester de deux manières différentes:
– par une agitation excessive: celle-ci sera souvent la conséquence d'un mauvais contrôle moteur et peut être plus ou moins désordonnée ou
– par une scription très continue fatigante par le fait que le mouvement est continu et sans souplesse.
3. Les caractéristiques principales de l'impulsivité graphique sont des inégalités importantes (de dimension, de direction, d'inclinaison, de continuité) et des traits lancés (dans les finales, les barres de «t» et certains jambages).
4. VA. «Impulsifs» (groupe des).
VA. Trouble affectant la vitesse.

INSCRIPTION DÉFECTUEUSE (s.f.)

Symptôme des dysgraphies spécifiques se manifestant par des tenues inadéquates ou un manque de maîtrise dans la tenue de l'instrument scripteur entravant le libre jeu de la scription.

Syn.   Tenue défectueuse de l'instrument.
Notes: 1. Une inscription défectueuse se traduit par de la fatigue, de la lenteur, du tremblement et une mauvaise qualité du trait.
2. VA. Dysgraphie spécifique.

INSUFFISANCE D'AISANCE DU MOUVEMENT (s.f.)

Symptôme des dysgraphies spécifiques provoqué par une position générale du corps défectueuse qui peut gêner le libre exercice de la motricité graphique et entraîner des tenues «repliées» et une fatigue anormale.

Syn.   Utilisation inadéquate de la mécanique graphique.

Notes: 1. C'est d'abord aux conditions physiques et relationnelles qu'il faut penser lorsqu'un enfant écrit aisément et bien à la maison, difficilement et mal à l'école ou vice versa.

         2. L'insuffisance d'aisance du mouvement explique une contraction de l'écriture qui peut de ce fait devenir serrée, condensée ou compenser la gêne par de la rigidité.

         3. VA. Dysgraphie spécifique.

INVERSION (n.f.)

Erreur de traduction phonographique caractérisée par une permutation de graphèmes.

Syn.   Interversion.

Notes: 1. Exemples d'inversion:
            – inversion de la voyelle initiale: ar écrit ra.
            – inversion dans les syllabes ou consonnes successives: ble écrit bel.
            – inversion de lettres ou de syllabes.

         2. Ce type d'erreur ne devient spécifique d'une dysorthographie de développement qu'à partir de l'âge de 8 ans.

         3. Son origine semble liée au fait que l'enfant continue à employer des stratégies logographiques pour traiter l'écrit.

         4. VA. Erreur de traduction phonographique.

INVERSION KINÉTIQUE (s.f.)

Type d'inversion caractérisée par une difficulté à maintenir l'ordre correct de succession des lettres.

Syn.   Inversion dynamique, déplacement d'éléments graphiques (Lefavrais), difficulté à distinguer l'ordre de succession des lettres (L.L.Lambrichs), erreur séquentielle.

Notes: 1. Exemple: «patrie» écrit «partie».

         2. VA. Inversion.

INVERSION STATIQUE (s.f.)

Type d'inversion où le graphème est mal transcrit et est remplacé par un autre proche sur le plan spatial.

Notes: 1. Exemple: «p» écrit «q».

         2. C'est le graphème même, dans ses caractéristiques spatiales, qui est affecté par ce type d'inversion.

         3. VA. Inversion.

IRRÉGULARITÉ DE DIMENSION (s.f.)

Symptôme graphique d'une atteinte de la progression qui se caractérise par une variation considérable des lettres à l'intérieur du mot et du texte, par incapacité à doser régulièrement l'amplitude du geste.

Notes: 1. L'irrégularité de dimension se retrouve à la fois dans le groupe des «impulsifs», dans celui des «maladroits» et dans celui des «mous».

2. Cette indifférenciation des zones est à distinguer de l'irrégularité de dimension qui est présente massivement chez tous les enfants de six ans. Elle disparait normalement vers 11 ans.
3. VA. Atteinte de la progression.
   VA. «Impulsifs» (groupe des).
   VA. «Maladroits» (groupe des).
   VA. «Mous» (groupe des).

IRRÉGULARITÉ DE DIRECTION (s.f.)

Symptôme graphique d'une irrégularité de dimension se caractérisant par une variation de l'inclinaison des lettres à l'intérieur du mot et du texte.

Notes: 1. Une légère irrégularité de direction est normale chez l'enfant; elle n'est significative que lorsqu'elle persiste tardivement; il s'agit d'enfants vifs, parfois instables, souvent tiraillés par des tendances contradictoires et ambivalentes.
2. L'irrégularité de direction se retrouve principalement dans le syndrome des «mous».
3. VA. «Mous» (groupe des).
   VA. Irrégularité de dimension.

LENTEUR (n.f.)

Trouble affectant la vitesse, se manifestant par un ensemble de signes graphiques divers mais allant tous dans le sens d'un ralentissement de la progression.

Notes: 1. La lenteur se manifeste par une trop grande régularité de l'écriture, une précision de la forme, une rigidité dans le calibrage de l'écriture et dans sa mise en page, une absence de continuité, des lettres retouchées, des traits régressifs et inutiles, des complications, des fioritures.
2. VA. Trouble affectant la vitesse.

LENTS ET PRÉCIS (GROUPE DES) (s.m.)

Syndrome de dysgraphie spécifique se caractérisant par une lenteur importante consécutive à une recherche de précision et de contrôle ainsi qu'un souci de la «bonne forme» et de la mise en page.

Notes: 1. Il existe une fragilité graphomotrice sous-jacente se manifestant par des ébauches discrètes de tremblement et de cabossage. Des consignes d'accélération peuvent révéler cette fragilité.
2. Le groupe des lents et précis est un syndrome que l'on trouve le plus souvent à l'état pur.
3. VA. Dysgraphie spécifique.

LETTRE RETOUCHÉE (s.f.)

Symptôme graphique d'une insuffisance d'aisance du mouvement consistant en une reprise de lettres ou de certaines parties de lettre.

Notes: 1. Les lettres retouchées se retrouvent dans deux syndromes, celui des «raides» et celui des «impulsifs».

2. Ce symptôme est à distinguer des retouches dues à des hésitations orthographiques.
3. VA. Insuffisance d'aisance du mouvement.
   VA. «Raides» (groupe des).
   VA. «Impulsifs» (groupe des).

LIGNE DESCENDANTE (s.f.)

Symptôme graphique d'une irrégularité de dimension se caractérisant par une ligne de base qui s'oriente vers le bas de façon régulière.

Notes: 1. Ajurriaguerra a constaté que 31% des enfants faisaient des lignes descendantes à six ans, tendance qui décroît jusqu'à neuf ans.
2. La ligne descendante se retrouve principalement dans le syndrome des «mous».
3. VA. «Mous» (groupe des).
   VA. Irrégularité de dimension.

LIGNE FLUCTUANTE (s.f.)

Symptôme graphique d'une irrégularité de dimension caractérisé par une ligne qui n'est pas rectiligne mais dansante et décrivant une ondulation sans cassure brusque.

Notes: 1. La ligne fluctuante se retrouve principalement dans le syndrome des «impulsifs».
2. VA. Impulsifs (groupe des).
   VA. Irrégularité de dimension.

LIGNES SERRÉES (s.f.)

Symptôme graphique d'une insuffisance d'aisance du mouvement qui se caractérise par un espacement insuffisant entre les lignes.

Notes: 1. La norme calligraphique impose un espacement de deux minuscules entre les lignes.
2. Les espaces, qui jouent ordinairement le rôle de haltes sont réduits au maximum; les lignes et les mots sont serrés.
3. Les lignes serrées se retrouvent principalement dans le syndrome des «raides».
4. VA. «Raides» (groupe des).
   VA. Insuffisance d'aisance du mouvement.
   VA. Mots serrés.

MALADROITS (GROUPE DES) (n.m.)

Syndrome de dysgraphie spécifique se caractérisant par une atteinte de la progression entraînant un certain nombre de déformations, de heurts dans le déroulement qui rejaillissent sur l'ensemble du tracé.

Notes: 1. Ce syndrome n'apparaît jamais seul mais s'associe toujours à un ou plusieurs autres syndromes (le groupe des «mous», le groupe des «impulsifs» et des «raides»).
2. VA. Atteinte de la progression.
   VA. Dysgraphie spécifique.
   VA. «Impulsifs» (groupe des).
   VA. «Mous» (groupe des).
   VA. «Raides» (groupe des).

MAUVAISE ORGANISATION DE LA PAGE (s.f.)

Symptôme graphique d'une irrégularité de dimension qui perturbe l'aspect général du texte.

Notes: 1. La mauvaise organisation de la page se retrouve principalement dans le syndrome des «impulsifs».
      2. VA. «Impulsifs» (groupe des).
       VA. Irrégularité de dimension.

MOT DANSANT (s.m.)

Symptôme graphique d'une irrégularité de dimension se caractérisant par le fait que le mot pris isolément n'a pas une base rectiligne mais sinueuse.

Notes: 1. Par base sinueuse, il faut comprendre qu'à l'intérieur du mot certaines lettres sont au-dessus de l'horizontale, d'autres au-dessous.
      2. Le mot dansant peut se retrouver à la fois dans le groupe des «mous» et dans le groupe des «maladroits».
      3. Les mots dansants sont à distinguer des lignes fluctuantes par la rupture de continuité qu'ils impriment au déroulement de la ligne qui ne fluctue plus.
      4. V.A. Ligne fluctuante.
       VA. Dysgraphie spécifique.
       VA. Irrégularité de dimension.
       VA. «Mous» (groupe des).
       VA. «Maladroits» (groupe des).

MOTS SERRÉS (s.m.)

Symptôme graphique d'une insuffisance d'aisance du mouvement se manifestant par un espace trop réduit entre les mots.

Notes: 1. Les espaces, qui jouent ordinairement le rôle de haltes, sont réduits au maximum; les lignes et les mots sont serrés.
      2. Les mots serrés se retrouvent principalement dans le syndrome des «raides».
      3. VA. «Raides» (groupe des).
       VA. Insuffisance d'aisance du mouvement.
       VA. Lignes serrées.

MOUS (GROUPE DES) (s.m.)

Syndrome de dysgraphie spécifique caractérisé par une atteinte de la progression se traduisant par une très grande irrégularité du tracé dans un contexte de relâchement et de négligence, au détriment du contrôle.

Note: VA. Atteinte de la progression.
      VA. Dysgraphie spécifique.

MOUVEMENT FLOTTANT (s.m.)

Symptôme graphique d'une irrégularité de dimension se caractérisant par une indécision des formes, des variations d'inclinaison donnant l'impression que l'écriture «piétine» sur place de façon indécise.

Notes: 1. Cette fluctuation d'inclinaison donne un aspect indécis au tracé.
2. Le mouvement flottant se retrouve principalement dans le syndrome des «mous».
3. VA. «Mous» (groupe des).
   VA. Irrégularité de dimension.

OMISSION (n.f.)

Erreur de traduction phonographique caractérisée par l'oubli de graphèmes ou de groupes de graphèmes.

Notes: 1. Ce type d'erreur ne devient spécifique d'une dysorthographie de développement qu'à partir de l'âge de 8 ans.
2. Ex. pluie écrit puie. Il s'agit souvent d'une simplification d'une double consonne.
3. L'origine des omissions est sans doute due à l'emploi prolongé de stratégies logographiques.
4. VA. Erreur de traduction phonographique.

PERTURBATION GRAPHIQUE NON-SPÉCIFIQUE (s.f.)

Difficulté de la motricité graphique provoquée par une atteinte plus large que le domaine de l'écriture (neurologique, physique, latéralité, gaucherie,…).

Note: VA. Difficulté de la motricité graphique.

PHOBIE DE LA SCRIPTION (s.f.)

Désordre de l'écriture émanant d'une peur irraisonnée, d'un dégoût du sujet à l'égard de son propre graphisme ou d'un investissement excessif de ce dernier amenant de véritables perturbations de l' «acte d'écrire».

RAIDES (GROUPE DES) (n.m.)

Syndrome de dysgraphie spécifique se caractérisant par une insuffisance d'aisance du mouvement ainsi qu'une tension importante se traduisant par une crispation générale de l'ensemble du tracé.

Notes: 1. On peut retrouver ce syndrome à l'état pur mais il est le plus souvent combiné aux autres syndromes (les «maladroits»).
2. L'écriture, inclinée à droite, très régulière de direction, donne une impression de raideur et de tension.
3. VA. Dysgraphie spécifique.
   VA. Insuffisance d'aisance du mouvement.
   VA. «Maladroits» (groupe des).

RETARD GRAPHOMOTEUR (s.m.)

Difficulté de la motricité graphique se traduisant par une écriture qui présente toutes les caractéristiques d'un enfant plus jeune.

Syn.   Retard dans le développement de l'écriture.

Notes: 1. Un retard graphomoteur peut entraîner une dysgraphie de niveau ou d'évolution.
2. Il s'agirait ici d'un retard de maturation de l'appareil graphomoteur.
3. VA. Difficultés de la motricité graphique.
VA. Dysgraphie de niveau.

SUBSTITUTION (n.f.)

Erreur de traduction phonographique caractérisée par l'écriture d'un
signe graphique à la place d'un autre.

Syn.   Confusion.
Notes: 1. Les substitutions de lettres sont typiques des difficultés d'assemblage suscitées par les stratégies alphabétiques.
2. VA. Erreur de traduction phonographique.

SUBSTITUTION AUDITIVE (s.f.)

Type de substitution où un signe est écrit à la place d'un autre parce
qu'il est phonétiquement proche.

Syn.   Substitution phonétique, confusion auditive.
Notes: 1. Ces erreurs peuvent persister pendant toute la scolarité et sont spécifiques dès
7 ans.
2. Les substitutions auditives les plus fréquentes sont celles qui apparaissent
entre les sourdes et les sonores (ex. v / f).
3. VA. Substitution.

SUBSTITUTION VISUELLE (s.f.)

Type de substitution où un signe est écrit à la place d'un autre parce
qu'il est graphémiquement proche.

Syn.   Erreur visuelle, confusion visuelle, confusion non-phonétique, confusion de
forme.
Notes: 1. Ces substitutions peuvent atteindre les graphèmes de forme identique et/ou
diversement orientés (ex. p-d-b-q, m-n).
2. VA. Substitution.

TÉLESCOPAGE (n.m.)

Symptôme graphique d'une insuffisance d'aisance du mouvement se
caractérisant par un écrasement de lettres sur les suivantes et une réduction de l'ampleur de certaines lettres.

Notes: 1. Les télescopages peuvent se retrouver dans les écritures du groupe des
«mous» et dans celles du groupe des «raides».
2. Lorsque l'enfant essaie de maîtriser sa maladresse, son geste saccadé, les
espaces entre les lettres deviennent très irréguliers, pouvant aller jusqu'aux
lettres qui s'entrechoquent.
3. VA. Insuffisance d'aisance du mouvement.
VA. «Mous» (groupe des).
VA. «Raides» (groupe des).

TRAIT DE MAUVAISE QUALITÉ (s.m.)

Symptôme graphique d'une irrégularité de dimension se caractérisant par une variabilité d'épaisseur du trait.

Notes: 1. Le trait de mauvaise qualité se retrouve principalement dans le syndrome des «maladroits».
2. VA. Maladroits (groupe des).
   VA. Irrégularité de dimension.

TROUBLE AFFECTANT LA VITESSE (s.m.)

Difficulté dépendant directement des conditions de la progression se manifestant par une lenteur ou par une insuffisance de frein.

Notes: 1. Les troubles affectant la vitesse motivent une demande importante de rééducation.
2. VA. Atteinte de la progression.
   VA. Lenteur.

TROUBLE AFFECTIF (s.m.)

Trouble pouvant favoriser le développement d'une dysorthographie et qui se caractérise par un ensemble de symptômes atteignant l'équilibre psychoaffectif d'un individu.

Notes: 1. Les troubles affectifs peuvent davantage être considérés comme des facteurs associés aux troubles de l'écriture que comme facteurs causaux.
2. Les troubles affectifs sont inconstants chez un même individu et d'un individu à un autre et n'ont pas de valeur diagnostique ni pathogénique.

TROUBLE DE L'ATTENTION-CONCENTRATION (s.m.)

Dysfonctionnement cognitif caractérisé par une labilité trop importante des capacités à se maintenir à une tâche déterminée.

Notes: 1. L'attention de l'enfant est variable d'un jour à l'autre, d'une heure à l'autre. Les stimuli les plus insignifiants distraient son attention, perturbant ses capacités d'apprentissage.
2. VA. Dysfonctionnement cognitif.

TROUBLE DE L'INTÉGRATION SÉMANTIQUE ET/OU SYNTAXIQUE (s.m.)

Trouble caractéristique apparaissant dans les dysorthographies de développement et qui altère la fluidité et le sens dans l'acte de scription.

Notes: 1. Ce terme est sans doute davantage utilisé au niveau des troubles de la lecture.
2. Dans le cadre des troubles de l'écriture, il reflète une difficulté de compréhension du mot à écrire ainsi que de son individualité. L'incompréhension peut également s'étendre à un groupe de mots.
3. VA. Erreur de césure.
   VA. Dysorthographie de développement.

TROUBLE DU LANGAGE ORAL (s.m.)

Dysfonctionnement des facteurs instrumentaux qui se manifeste par des difficultés d'expression et de communication.

Notes: 1. L'enfant souffre d'un vocabulaire compris et exprimé réduit, ses constructions phrastiques sont pauvres, il éprouve des difficultés à communiquer verbalement (Klees, p13§4).
2. VA. Dysfonctionnement des facteurs instrumentaux.

TROUBLE DE LA LATÉRALITÉ (s.m.)

Dysfonctionnement des facteurs instrumentaux concernant la dominance
fonctionnelle d'un côté du corps sur l'autre.

Note: VA. Dysfonctionnement des facteurs instrumentaux.

TROUBLE DE LA MÉMOIRE (s.m.)

Dysfonctionnement cognitif consistant en une faiblesse de l'empan
mnésique.

Note: VA. Dysfonctionnement cognitif.

TROUBLE DE LA MÉMOIRE DE TRAVAIL (s.m.)

Dysfonctionnement cognitif consistant en une faiblesse des processus
mnésiques permettant le traitement des informations et la réalisation de
tâches cognitives complexes en vue d'élaborer la mémoire à long terme.

Notes: 1. La mémoire de travail est une constituante de la mémoire à court terme.
2. VA. Dysfonctionnement cognitif.
VA. Trouble de la mémoire.

TROUBLE DE LA MOTRICITÉ (s.m.)

Dysfonctionnement des facteurs instrumentaux atteignant l'ensemble
des fonctions de mobilité d'un individu.

Notes: 1. Dans le développement moteur, nous tiendrons compte des problèmes d'organisation qui nécessitent la maturation du système nerveux central et les
problèmes d'ordre relationnel. L'intérêt sera porté sur l'acte moteur, sur le
sujet, ce qu'il est, ses aptitudes relationnelles, ainsi que sur la signification
qu'il donne à ses actes.
2. On peut ajouter à cette définition les troubles de la motricité fine et les
troubles de la motricité oculaire.
3. VA. Dysfonctionnement des facteurs instrumentaux.

TROUBLE DE L'ORDRE TEMPOREL (s.m.)

Dysfonctionnement des facteurs instrumentaux caractérisé par des difficultés dans la perception et/ou la rétention d'éléments présentés en succession.

Syn.   Déficit sériel, déficit de la perception de l'ordre temporel, trouble sériel, trouble
du rythme.

Note: VA. Dysfonctionnement des facteurs instrumentaux.

TROUBLE DE L'ORGANISATION SPATIALE (s.m.)

Dysfonctionnement des facteurs instrumentaux, pouvant être associé à la dysorthographie de développement, qui atteint les capacités d'orientation et de structuration de l'individu dans l'espace.

Notes: 1. L'organisation spatiale permet de reconnaître et de distinguer les graphèmes les uns des autres en fonction de leur orientation. Cependant, différents travaux de recherche ont été effectués sans pouvoir mettre en évidence des différences significatives entre les bons et les mauvais scripteurs au niveau de la structuration spatiale.
2. VA. Dysfonctionnement des facteurs instrumentaux.
VA. Dysorthographie de développement.

TROUBLE DE LA PERCEPTION (s.m.)

Dysfonctionnement cognitif caractérisé par une incapacité à coordonner les impressions transmises par les sens et les interpréter comme représentant un tout cohérent et significatif.

Notes: 1. Il peut s'agir d'un trouble de la perception auditive ou de la perception visuelle.
2. VA. Dysfonctionnement cognitif.

TROUBLE RELATIONNEL (s.m.)

Désordre d'origine affective pouvant occasionner des troubles de l'écriture.

Note: Les désordres de l'écriture ne sont ici qu'un mode d'expression ou le support d'une manifestation qui ne se justifieraient pas sans un interlocuteur.

TROUBLE DU SCHÉMA CORPOREL (s.m.)

Dysfonctionnement des facteurs instrumentaux atteignant l'investissement du corps et son insertion dans l'espace.

Note: VA. Dysfonctionnement des facteurs instrumentaux.

Glossaire

ALLOGRAPHE (n.m.)
Représentation concrète ou l'une des représentations concrètes du graphème, élément abstrait. Ex: majuscule, minuscule, écriture en script, écriture liée,....

ANALYSE (n.f.)
Ling. Procédure qui vise à dégager des unités (phonème, morphème, mot, etc.) et les relations qui existent entre ces unités.

ANOMIE (n.f.)
Trouble d'évocation.

ANOXIE (n.f.)
Absence d'oxygène au niveau des tissus.

APHASIE (n.f.)
Perte ou trouble de la compréhension et de l'usage du langage parlé ou écrit, indépendamment de toute détérioration mentale globale et de toute atteinte sensorielle (cécité, surdité) ou motrice (paralysie, dysarthrie).

APRAXIE (n.f.)
Déficit neurologique de la motricité dont l'analyse est complexe: c'est un «oubli des gestes appris», consécutif à une lésion de la région du cortex cérébral commandant l'élaboration effective des actes et des gestes acquis au cours de l'apprentissage et par l'habitude.

ASTHÉNIE (n.f.)
Manque de force, fatigue.

CABOSSAGE (n.m.)
Caractéristique relative aux lettres rondes intérieures; la production des arrondis aux changements de direction est possible mais le galbe en est imparfait du fait d'anfractuosités, d'angles mal placés.
Anfractuosité = cavité irrégulière.

COLLAGE (n.m.)
Ajustement, sans raccord apparent, d'une lettre à la lettre suivante, dissimulant le lever de plume.

COMPRÉHENSION (n.f.)
Action de comprendre le sens.

CONSONNE (n.f.)
Un des deux types de sons produits par les organes de la phonation à des fins linguistiques. (…) les consonnes sont des bruits résultant soit de la fermeture et de l'ouverture (occlusive), soit du resserrement (constrictive) du canal buccal en certains points: larynx, pharynx, dos de la langue et palais, dents, lèvres. Soit encore, du passage de l'air par le nez (nasales).

CONTEXTE (n.m.)
1. Ensemble du texte à l'intérieur duquel se situe un élément d'un énoncé et dont il tire sa signification.
2. Ensemble des éléments (phonème, morphème, phrase, etc.) qui précèdent et/ou suivent une unité linguistique à l'intérieur d'un énoncé.

CONTRACTION (n.f.)
Contraction musculaire, raccourcissement ou mise sous tension d'un muscle, permettant à celui-ci d'assurer son rôle mécanique ou statique.

CONTRACTURE (n.f.)
Contraction durable et involontaire d'un muscle ou d'un groupe de muscles.

CORPUS (n.m.)
Ensemble d'énoncés écrits ou enregistrés dont on se sert pour la description linguistique.

CRISPATION (n.f.)
Contraction brève et involontaire d'un muscle.

DIGRAMME (n.m.)
Combinaison de deux lettres représentant un phonème unique: le groupement des lettres «p» et «h» permet de représenter en français le phonème [f].
Syn. Graphème composé, digraphe.

DYSKINÉSIE (n.f.)
Difficulté à exécuter le mouvement, quelle qu'en soit la cause.

DYSMATURITÉ (n.f.)
Poids de naissance trop faible par rapport à la durée de gestation.

ÉCRITURE (n.f.)
Système de signes picturaux ou graphiques qui correspondent aux signes vocaux du langage et servent à les représenter sous une forme plus durable.

EMPÂTEMENT (n.m.)
Amplification de l'épaisseur du trait.

ENSEMBLE SALE (s.m.)
Ecriture caractérisée par un empâtement du trait considérable et irrégulier, des pochages, des renforcements et des accrochages de plume qui traduisent le manque de maîtrise dans la tenue de l'instrument.

ÉPELLATION (n.f.)
Action d'épeler.

ÉPELER (v.t.)
Nommer successivement les lettres composant un mot.

ESPACE (n.f.)
Blanc placé entre les mots et les lettres.
Syn.   Blanc graphique

FOVÉA (n.f.)
Dépression de la rétine, située au centre de la tache jaune, où la vision atteint la plus grande netteté.

GESTE (n.m.)
Mouvement du corps (principalement des bras, des mains, de la tête) volontaire ou involontaire, révélant un état psychologique, ou visant à exprimer, à exécuter quelque chose.

GRAPHIE (n.f.)
Représentation écrite (d'un mot ou d'un énoncé).

GRAPHISME (n.m.)
Manière dont un mot est écrit.

GROUPE CONSONANTIQUE (s.m.)
Séquence composée de deux consonnes ou plus.
Syn.   Cluster.

HOMONYME (adj.)
Se dit d'un mot qui présente la même forme graphique (homographe) ou phonique (homophone) qu'un autre, mais qui en diffère par le sens.

HOMOPHONE (adj.)
Qui a le même son et des sens différents. *Signes homophones* (ex.: f et ph [f] en français). *Syllabes homophones* (ex.: au, eau [o]). *Mots homophones* (ex.: bon et bond).

HYPERACTIF (adj.)
Se dit d'un enfant qui est beaucoup trop actif, bouge continuellement, reste rarement calme. Les enfants hyperactifs auraient d'après Loute J. un déficit de l'attention sélective, que l'on ne peut résoudre que par l'administration de médicaments neuroleptiques et associés.

HYPERTONIQUE (adj.)
En neurologie, se dit des affections s'accompagnant d'une augmentation du tonus musculaire.

HYPERTROPHIE (n.f.)
Développement excessif.

HYSTÉRIE (n.f.)
Névrose caractérisée par une disposition particulière à exprimer, par des manifestations corporelles, des conflits affectifs inconscients.

ICTÈRE NÉONATAL (n.m.)
Maladie plus connue sous le nom de jaunisse du nouveau-né.

INSCRIPTION (mouvement d') (n.f.)
Mouvement d'extension-flexion-rotation exécuté par les trois doigts qui tiennent la plume, extrémité du pouce et troisièmes phalanges du majeur et de l'index. La main repose sur l'annulaire et l'auriculaire allongés et un peu écartés du majeur pour ne pas gêner le jeu des trois premiers doigts.

INTONATION (n.f.)
Ensemble des inflexions que prend la voix.

LETTRE (n.f.)
Signe graphique, en nombre limité, dont l'ensemble constitue un alphabet. Les lettres représentent, isolément ou combinées entre elles, les différents phonèmes d'une langue. Il n'existe cependant pas de correspondance exacte entre les lettres et les phonèmes. Une lettre peut représenter plusieurs phonèmes selon sa position dans le mot ou sa combinaison avec d'autres lettres. Inversement, un phonème peut être représenté par plusieurs lettres différentes.
Syn.   Graphème simple, monogramme, monographe.

LEXÈME (n.m.)
Morphème lexical.

LEXIMÉTRIE (n.f.)
Mesure permettant d'indiquer la différence entre l'aptitude lexique de l'enfant examiné par rapport à la moyenne étalonnée des enfants de son âge.

LIGNE (n.f.)
Suite de caractères disposés dans la page sur une ligne horizontale.

LIGNE CASSÉE (s.f.)
Ligne non rectiligne: elle descend puis remonte brusquement – ou inversement – en décrivant une angulation brusque.

LOGATOME (n.m.)
Syllabe ou suite de syllabes appartenant à une langue, mais qui ne forme pas un mot ayant une signification.

MAÎTRISE MÉTAPHONOLOGIQUE (n.f.)
Capacité d'identifier les composants phonologiques des unités linguistiques et de les manipuler de façon intentionnelle.

MÉMOIRE SÉMANTIQUE (s.f.)
Mémoire à long terme où se déposent au terme d'une série d'opérations de sélection, de filtrage, de transformations, les informations nouvellement acquises, le sens résultant de la confrontation de significations linguistiques avec les structures sémantiques qui constituent l'univers de connaissance du sujet.

MÉTALINGUISTIQUE (n.f.)
Sous-domaine de la métacognition qui concerne le langage et son utilisation. Ce sous-domaine comprend: *a*) les activités de réflexion sur le langage et son utilisation; *b*) les activités de contrôle conscient et de planification intentionnelle par le sujet de ses propres procédures de traitement linguistique (en compréhension comme en production).

MONÈME (n.m.)
Unité minimale ayant à la fois une forme et un sens, elle est composée d'un seul morphème.

MONOGRAMME (n.m.)
Graphème équivalent à une lettre.
Syn. Graphème simple, monographe.

MONOVALENT (adj.)
Se dit de graphèmes qui ont toujours la même valeur phonétique. Par exemple: les graphèmes simples «j», «k», «l» et les graphèmes composés «ei», «in», «eau».

MORPHÈME (n.m.)
Plus petite unité de signification. Les morphèmes se combinent entre eux pour former les mots. Beaucoup de mots, cependant, sont monomorphémiques. On distingue les morphèmes grammaticaux et les morphèmes lexicaux.

NORMOLEXIQUE (adj.)
Se dit d'un lecteur considéré comme lisant sans difficulté particulière, il s'oppose donc à l'enfant dyslexique.

MORPHOGRAMME (n.m.)
Lettre qui sert à noter des fonctions morphologiques particulières.

MORPHOLOGIE (n.f.)
Etude des formes sous lesquelles se présentent les mots dans une langue, des
changements dans la forme des mots pour exprimer leurs relations à d'autres
mots dans la phrase, des processus de formation de mots nouveaux.

MOT (n.m.)
En linguistique traditionnelle, le mot est un élément linguistique significatif
composé d'un ou de plusieurs phonèmes. Cette séquence est susceptible d'une
transcription écrite (idéogrammatique, syllabique ou alphabétique) comprise
entre deux espaces.

MOTRICITÉ (n.f.)
Ensemble des fonctions de relation, assurées par le squelette, les muscles et le
système nerveux, permettant les mouvements et le déplacement chez un être
vivant.

MOUVEMENT CURSIF (s.m.)
Mouvement par lequel la main, l'avant-bras et le bras assurent le déplacement
de la plume et sa progression le long de la ligne horizontale du papier.

NOYAU GÉNICULÉ MÉDIAN (s.m.)
Concerne la voie cortico-nucléaire participant à la motricité volontaire.

NOYAU LATÉRAL POSTÉRIEUR (s.m.)
Il se situe dans le cortex, et fait partie du thalamus; ces cellules conduisent, par
leur fibres, les impressions de la sensibilité profonde consciente jusqu'à la cir-
convolution pariétale ascendante.

PHOBIE (n.f.)
Crainte angoissante éprouvée en présence d'un objet ou d'une situation n'ayant
pas un caractère réellement dangereux.

PHONÈME (n.m.)
Elément minimal, non segmentable, de la représentation phonologique d'un
énoncé, et dont la nature est déterminée par un ensemble de traits distinctifs. On
peut le considérer du point de vue physiologique (formation par les organes
vocaux) et acoustique (caractères objectifs ou subjectifs à l'audition).
Syn.   Segment phonique.

PHONÉTIQUE (n.f.)
La phonétique étudie les sons du langage dans toute l'étendue de leurs propriétés physiques, indépendamment de leur fonction dans la langue (phonologie).

PHONOLOGIE (n.f.)
Branche de la linguistique qui étudie les sons d'un point de vue fonctionnel. Elle consiste à établir l'inventaire des phonèmes d'une langue donnée, à déterminer leurs variantes contextuelles, ou allophones, et à classer ces phonèmes selon leurs propriétés acoustiques ou articulatoires. (…)

PHRASE (n.f.)
Unité linguistique contenant un sujet et un prédicat.

POCHAGE (n.m.)
Nom qui désigne des lettres rondes remplies d'encre.

POLYVALENT (adj.)
Se dit de graphèmes qui ont plusieurs valeurs phonétiques variant selon le contexte vocalique. Par exemple: les graphèmes simples «g», «s», et les graphèmes composés «en».

PONCTUATION (n.f.)
Ensemble des signes graphiques destinés à marquer les séparations d'ordre syntaxique en même temps qu'ils servent, en principe, dans l'écriture, à marquer plus ou moins la prosodie.

PONCTUÈME (n.m.)
Signe conventionnel servant à indiquer dans l'écrit, des faits de la langue orale, comme les pauses et l'intonation, ou à marquer certaines coupures et certains liens logiques.

PRAXIE (n.f.)
Les praxies sont des systèmes de mouvements, coordonnés en fonction d'un résultat ou d'une intention. Ils doivent donc être différenciés des mouvements réflexes ou automatiques et non-intentionnels. Les praxies sont donc en quelque sorte les réponses motrices élaborées suite à l'intégration des perceptions.

PRÉCISION (n.f.)
Caractère de ce qui ne laisse place ni à l'approximation, ni à l'incertitude, ni au doute.

PROGRESSION (n.f.)
Concerne les mouvements du bras, de l'avant-bras et des articulations de l'épaule et du coude. Ceux-ci sont chargés de faire progresser la main de gauche à droite. Elle concerne aussi les mouvements plus fins de la main, du poignet et des doigts, qui contribuent à la progression dextrogyne de la plume.
Dextrogyne = qui va vers la droite.

PRONONCIATION (n.f.)
Action de réaliser oralement un son, une lettre, un mot, etc., les articuler.

PSEUDO-MOT (n.m.)
Entité orthographique non significative dont la production écrite et la lecture se
font par la procédure d'assemblage et par analogie avec des mots ou des parties
de mots familiers.
Syn. Logatome.

PSYCHOMOTRICITÉ (n.f.)
Résultat de la combinaison des fonctions motrices et psychiques.

PSYCHOSOMATIQUE (adj.)
Se dit de la partie de la médecine qui étudie les troubles corporels d'origine psychologique et le retentissement psychique des affections organiques. Les «manifestations psychosomatiques» sont les conséquences des conflits psychiques sur
l'organisme.

QUADRIGRAMME (n.m.)
Groupe de quatre lettres notant un seul phonème.

RÉCIT (n.m.)
Relation orale ou écrite (de faits vrais ou imaginaires).

REDONDANCE (n.f.)
Caractère d'un énoncé qui réitère, sous plusieurs formes différentes, un même
trait signifiant.

RÈGLES PHONOTACTIQUES (s.f.pl.)
Règles qui déterminent les séquences de phonèmes qui peuvent former des syllabes et des mots dans une langue donnée.

RENFORCEMENT (n.m.)
La coloration du trait graphique est forcée et son épaisseur est amplifiée. Ceci,
lorsque certains bâtons sont repassés par exemple.

REPRÉSENTATION SÉMANTIQUE (s.f.)
Représentation, arbitraire dans le système sémantique, reprenant toutes les informations concernant la signification d'un mot.

SIGNIFICATION (n.f.)
(Ling.) Rapport réciproque qui unit le signifiant et le signifié.

SIGNIFIÉ (n.m.)
Concept de la chose désignée.

SOUDURE (n.f.)
Raccord apparent entre deux lettres, par incapacité de lier les lettres entre elles; après l'exécution de chacune d'elles, il y a lever de plume et raccord.

SYMPTÔME (n.m.)
Manifestation d'une maladie pouvant être perçue subjectivement par le malade lui-même (symptôme subjectif) ou être constatée par l'examen clinique (symptôme objectif, appelé couramment «signe»).

SYNDROME (n.m.)
Ensemble de symptômes affectant simultanément ou successivement un organisme et dont le groupement prend une valeur significative de la localisation, du mécanisme ou de la nature d'un processus pathologique, sans permettre cependant à lui seul d'établir un diagnostic complet.

TONUS (n.m.)
Etat de contraction de base, permanente et involontaire, des muscles striés, sous la dépendance des centres nerveux. Le tonus détermine la position des segments de membres et assure la posture. Il est commandé par les noyaux gris centraux du cerveau et le cervelet.

TRAIT (n.m.)
Unité graphique minimale.

TRANSCRIPTION (n.f.)
Représentation d'une séquence d'unités phoniques au moyen de caractères graphiques conventionnels.

TREMBLEMENT (n.m.)
Oscillations du tracé qui peuvent s'amplifier jusqu'à de larges déviations irrégulières.

TRIGRAMME (n.m.)
Groupe de trois lettres notant un seul phonème.
Syn.   Trigraphe, graphème composé.

TROUBLE DYSPRAXIQUE (s.m.)
Mauvaise coordination des mouvements.

VALEUR PHONIQUE (s.f.)
Représentation sonore des lettres.
Syn.   Valeur phonétique

VOYELLE (n.f.)
1. Son émis par la voix sans bruit d'air, phonème caractérisé par une résonance de la cavité buccale plus ou moins ouverte, parfois en communication avec la cavité nasale.

2. Lettre qui sert à noter ce son, employée seule (a; e; i; o; u; y), munie d'un signe (ex.: é, ô), en combinaison avec d'autres (ex.: eau, ou, ei) ou avec une consonne (ex.: an, ain, on).

Bibliographie

Livres:

DE AJURIAGUERRA (J.), AUZIAS (M.), COUMES (F.), DENNER (A.), LAVONDES (V.), PERRON (R.) ET STAMBAK (M.) (1964) *L'écriture de l'enfant. L'évolution de l'écriture et ses difficultés.* Vol.I, Delachaux et Niestlé.

DE AJURIAGUERRA (J.), AUZIAS (M.), COUMES (F.), DENNER (A.), LAVONDES (V.), PERRON (R.) ET STAMBAK (M.) (1964) *L'écriture de l'enfant. La rééducation de l'écriture.* Vol.II, Delachaux et Niestlé.

ALEGRIA (J.) (1988) *L'acquisition de la lecture: perspective cognitive.* Communauté française de la culture de l'agglomération de Bruxelles. Document n°46.

AUZIAS (M.) (1970) *Les troubles de l'écriture chez l'enfant, problèmes généraux, bases de rééducation.* Delachaux et Niestlé.

BASTIN (G.) (1970) *Le gaucher dans un monde de droitiers.* Sand.

BOREL-MAISONNY (S.) (1978) *Langage oral et écrit: Tome 1: Pédagogie des notions de base.* Actualités pédagogiques et psychologiques. Delachaux et Niestlé.

BOTEZ (M.I.) (1987) *Neuropsychologie clinique et neurologie du comportement.* Les Presses de l'Université de Montréal. Masson.

CARBONNEL (S.), GILLET (P.), MARTORY (M.-D.) et VALDOIS (S.) (1996) *Approche cognitive des troubles de la lecture et de l'écriture chez l'enfant et l'adulte.* Solal.

CATACH (N.) (1993) *L'orthographe.* Coll. Que sais-je n°685. P.U.F.

CHAUVEAU (G.), RÉMOND (M.) ET ROGOVAS-CHAUVEAU (É.) (1993) *L'enfant apprenti-lecteur: l'entrée dans le système écrit.* L'Harmattan.

CRITCHLEY (M.) (1974) *La dyslexie vraie et les difficultés de lecture chez l'enfant.* Traduction Annie Mignard. Rhamadante. Privat.

DEJONG-ESTIENNE (F.) (1980) *Plaisir et langage.* Mardaga.

DEJONG-ESTIENNE (F.) (1992) *Bilan et rééducation du langage écrit.* Mardaga.

DEJONG-ESTIENNE (F.) (1991) *Le gâteau ou les artisans du langage.* Académia.

DOWNING (J.) ET FIJALKOW (J.) (1984) *Lire et raisonner.* Privat, Éducation et Culture.

DUBUC (L.) (1980) *Manuel pratique de terminologie.* Linguatech. CILF.

ELLIS (A.W.) (1989) *Lecture, écriture et dyslexie: une approche cognitive.* Delachaux-Niestlé.

EUSTACHE (Fr.), LECHEVALIER (B.), VIADER (F.) (1996) *La mémoire. Neuropsychologie clinique et modèles cognitifs.* Séminaire Jean-Louis Signoret. De Boeck Université, Coll. Questions de personne.

FALINSKI (E.) (1966) *Psychopédagogie du langage écrit.* Hermann.

FAYOL (M.), GOMBERT (J.), SPRENGER-CHAROLLES (L.) et ZAGAR (D.) (1992) *Psychologie cognitive de la lecture.* P.U.F., collection Psychologie d'aujourd'hui.

FERT (M.) (1970) *Les difficultés d'apprentissage de la langue écrite à Genève.* La dyslexie en question, colloque sur les difficultés et échecs d'apprentissage de la langue écrite. Bourrelier, Éd. A. Colin.

FIJALKOW (J.) (1986) *Mauvais lecteurs, pourquoi?* PUF, Coll. Pédagogie d'aujourd'hui.

GIASSON (J.) (1992) *La compréhension en lecture.* De Boeck Université.

GIROLAMI-BOULIMIER (A.) (1966) *Prévention de la dyslexie et dysorthographie dans le cadre normal des activités scolaires.* Delachaux et Niestlé.

GIROLAMI-BOULIMIER (A.) (1990) *Pour une pédagogie de l'écriture.* EAP.

GIROLAMI-BOULIMIER (A.) (1993) *Les apprentissages de l'oral et de l'écrit.* Coll. Que sais-je n°2717, P.U.F.

GIROLAMI-BOULIMIER (A) (1994) *Les niveaux actuels dans la pratique du langage oral et écrit.* Masson.

GOMBERT (J.-É.) (1992) *Activité de lecture et activités associées, in* ZAGAR, D., *Psychologie cognitive de la lecture.* P.U.F., Coll. Psychologie d'aujourd'hui.

GRÉGOIRE (J.) et PIÉRART (B.) (1994) *Évaluer les troubles de la lecture. Les nouveaux modèles théoriques et leurs implications diagnostiques.* De Boeck Université.

GREVISSE (M.) et GOOSSE (A.) (1980) *Nouvelle grammaire française.* Duculot.

HIGOUNET (C.) (1990) *L'écriture.* Que sais-je?, n°653. P.U.F.

HUVELLE (R.) (1979) *L'aphasie.* ULB.

IPERS (Institut Pédagogique d'Enseignement Rééducatif Spécialisé) (1999) *L'échec en Ecriture: comment y répondre.* L'Harmattan.

KOCHER (F.) (1970) La rééducation des dyslexiques. P.U.F.

LALANDE (J.-M.) (1985) *L'apprentissage de la langue écrite: du b.a ba à la BD.* P.U.F.

LAMBRICHS (L.L) (1989) *La dyslexie en question.* Robert Laffont.

LECOCQ (P.) (1991) *Apprentissage de la lecture et dyslexie.* Coll. Psychologie et Sciences humaines. Mardaga.

LECOCQ (P.) (1992) *La lecture. Processus, apprentissage, troubles.* Presses universitaires de Lille.

LEFAVRAIS (P.) (1983) *Les mécanismes de la lecture. Analyse expérimentale de la lecture rapide et de la dyslexie.* EAP.

LEUNEN (P.) (1982) *Le guide marabout de la dyslexie.* Marabout service.

LOBROT (M.) (1972) *Troubles de la langue écrite et remèdes.* ESF.

MAZEAU (M.) (1997) *Dysphasies, troubles mnésiques, syndrome frontal chez l'enfant.* Masson.

MORAIS (J.) (1994) *L'art de lire.* Odile Jacob.

NOËL (J-M.) (1976) *La dyslexie en pratique éducative.* Doin.

OLIVAUX (R.) (1971) *Désordres et rééducation de l'écriture.* ESF.

PEUGEOT (J.) (1979) *La connaissance de l'enfant par l'écriture, l'approche graphologique de l'enfance et de ses difficultés.* Epoque, Privat.

PIRON (V.) et TONNEAU (J.) (1990) *Construire son savoir lire, savoir écrire.* Erasme.

REY (A.) (1979) *La terminologie. Noms et notions.* P.U.F., Coll. Que sais-je? N°1780.

RIEBEN (L.) et PERFETTI (C.) (1989) *L'apprenti-lecteur.* Delachaux et Niestlé. Coll. Textes de base en psychologie.

RONDAL (J.-A.) (1990) *Langage et éducation.* Mardaga.

RONDAL (J.-A.) et SERON (X.) (1982) *Troubles du langage. Diagnostic et rééducation.* Mardaga.

ROUVIÈRE (H.) (1979) *Atlas aide-mémoire d'anatomie*. Masson.

SERON (X.) et JEANNEROD (M.) (1994) *Neuropsychologie humaine*. Mardaga.

THIMONNIER (R.) (1972) *Le système graphique du français*. Plon.

VAN GRUNDERBEECK (N.) (1994) *Les difficultés en lecture. Diagnostic et pistes d'intervention*. Gaëtan Morin éditeur.

VAN HOUT (A.) et DEJONG-ESTIENNE (F.) (1994) *Les Dyslexies: décrire, évaluer, expliquer et traiter*. Masson.

WEISS (J.) (1986) *Les trois étapes de l'apprentissage de la lecture*. Communauté française de la culture de l'agglomération de Bruxelles. Document n°34.

ZESIGER (P.) et DE PARTZ (M.P.) (1994) *Traité de neuropsychologie humaine: perturbations du langage écrit: les dyslexies et les dysgraphies*. Mardaga.

Articles

ALEGRIA (J.) (1995) *Évaluation, remédiation et théorie: le cas de la lecture*. Glossa, n°46-47.

ALEGRIA (J.) et MORAIS (J.) (1989) *Analyse segmentale et acquisition de la lecture*, in RIEBEN, L., PERFETTI, Ch., *L'apprenti-lecteur*. Delachaux et Niestlé, Textes de base en psychologie.

ALEGRIA (J.), LEYBAERT (J.) et MOUSTY (P.) (1993) *Acquisition de la lecture et troubles associés. in Evaluer les troubles de la lecture: les nouveaux modèles théoriques et les implications diagnostiques: journée d'études*. Louvain-La-Neuve, 26 mars 1993. Coll. Question de personne. De Boek.

BASSOU (L.) et *al.* (1992) *L'oeil et la lecture*, coll. Voies livres, n°59.

BOREL-MAISONNY (S.) (1970) *Existe-t-il une pathologie de l'apprentissage de la langue écrite?* » in La dyslexie en question, colloque sur les difficultés et échecs d'apprentissage de la langue écrite. Bourrelier, éd.A. Colin.

BOREL-MAISONNY (S.) (1970) *«Dyslexiques, dysorthographiques ou «mal-lisants» et «mal-écrivants»?* », La dyslexie en question, colloque sur les difficultés et échecs d'apprentissage de la langue écrite. Bourrelier, éd.A. Colin.

BOREL-MAISONNY (S.) (1982) *L'apprentissage de l'écriture*. Rééducation orthophonique – vol. 19, n°117.

BRAIBANT (J.-M.) (1995) *Identification des enfants en difficulté d'apprentissage de la lecture: étude de cas.*

CAMPOLINI-DOUCET (Cl.) (1994) *De la nécessité d'un outil terminologique en logopédie. in Le langage et l'homme*, vol.XXIX n°2, De Boeck Université.

CATACH (N.) (1982) *Dysorthographie et archigraphèmes. Rééducation orthophonique*. Vol 20, n°124.

CATACH (N.) (1988) *Fonctionnement linguistique et apprentissage de la lecture*. in Langue française, vol.80.

COMBETTES (B.) (1988) *L'opposition écrit/oral et les stratégies de lecture*. in Langue française, vol.80.

CONTENT, MOUSTY (P.) et RADEAU (1990) *Brulex, une base de données lexicales informatisée pour le français écrit et parlé*. in L'année psycholologique – n°90.

DEJONG-ESTIENNE (F.) (1972) *Le procédé d'analyse graphique dans la rééduca-tion du dysorthographique.* in Le Langage et l'Homme – n°20.

DELTOUR (J.J.) (1989) *Troubles d'apprentissage.* in Question de logopédie 22, I.

DOWNING (J.) (1987) *Clarté cognitive et conscience linguistique.* in Les dossiers de l'éducation, n°11/12, 31-43.

FEREMANS-HUBIN (H.) (1988) *L'apport des profils cognitifs proposés par la psycho-linguistique et la neuro-psychologie à la clinique logopédique. Le cas de l'enfant troublé dans l'apprentissage de la lecture.* in Questions de logopédie, vol.18.

GALABURDA (1985) *La dyslexie et le développement du cerveau.* La recherche, n°167, vol.16.

GELBERT (G.) (1989) *Etude d'un cas d'un enfant «non-lecteur» application de méthodes aphasiologiques, résultats obtenus.* Psychiatrie de l'enfant XXXII,1.

GOETHALS-WALKIERS (N.) (1978) *Contribution à l'étude de l'orthographe: 1ère partie: adaptation du test: règles-usage-phonétique de J. Simon.* in Bulle-tin de psychologie scolaire et d'orientation – n°3.

GOETHALS-WALKIERS (N.) (1978) *Contribution à l'étude de l'orthographe: 2ème partie: aspect linguistique d'une rééducation: étude des marques du pluriel.* in Bulletin de psychologie scolaire et d'orientation – n°4.

GOOSSE (A.) (1977) *L'orthographe française, un lourd héritage. in* Le Langage et l'Homme – n°22.

GIROLAMI-BOULIMIER (A.) (1977) *Langage, lecture et orthographe.* Rééducation orthophonique – vol 15, n°4.

GOMBERT (J.-É.) (1995) *Recherches sur l'utilisation des analogies orthogra-phiques par l'apprenti-lecteur.* in Glossa, numéros 46-47.

HEBRAD (J.) (1988) *Apprendre à lire à l'école en France, un siècle de recom-mandations officielles.* in Langue française, 80.

HUYGHEBAERT (M.-A.) et MARTIN (A.) (1994) *La conscience syntaxique. Etude d'un test,* in Le langage et l'Homme, vol. XXIX, n°1, De Boeck.

JACQUEMIN (D.) (1989) *La graphie dans le panier de la ménagère.* in Lidil – n°1.

JACQUEMIN (D.) (1989) *Des lettres sans noms? Ou la confusion des représenta-tions de A à Z.* in Lidil – n°1.

JAFFRÉ (J.P.) (1992) *Orthographe et acquisition: les étapes phonographiques.* in Lidil – n°7.

JAFFRÉ (J.P.) (1992) *Le domaine alphabétique: fonctions et procédures d'ap-prentissage.* in Rééducation orthophonique – vol 30, n°170.

JAFFRÉ (J.P.) (1990) *L'orthographe avec ou sans erreurs.* Recherche en éducation.

JAFFRÉ (J.P.) (1992) *Pourquoi et comment l'apprentissage de l'orthographe influence la Prononcation.* in Lidil – n°7.

JAFFRÉ (J.P.) (1992) *Le traitement élémentaire de l'orthographe: les procédures graphiques.* in Langue française – n°95.

KLEES (M.) (1983) *A propos des troubles instrumentaux associés à des troubles d'apprentissages précoces de la lecture, de l'orthographe et du calcul chez l'enfant intelligent: la notion de gravité,* in Bulletin d'audiophonolo-gie, 16.

LASSERRE (J-P.) (1992) *Approche neuropsychologique de la dyslexie-dysortho-graphie en pratique quotidienne,* in Glossa, les cahiers de l'Unadrio, n°4-14.

LEPAGE (J.) (1986) *La main et l'écriture*. in Questions de logopédie. Périodique 10-II, pp.79-115

LEPOT-FROMENT (C.) (1989) *L'apprentissage de la lecture suppose-t-il l'opérativité?*, in Questions de logopédie 20.

LEPRI (J.-P.) (1987) *La lecture et l'apprentissage de la lecture (Essai de synthèse documentaire)*. in Voies livres, n°3.

LOUTE (J.) (1989) *Pharmacologie des troubles de l'apprentissage*. Question de logopédie,22, I.

MAGNAN (A.) (1993) *Maîtrise de l'ordre des lettres et acquisition des règles de correspondances grapho-phonologiques chez les enfants du CP*. in Rééducation orthophonique – vol 31, n°174.

MAGNAN (A.) et COLE (P.) (1992) *Construction et évolution d'unités orthographiques au cours de la lecture chez des enfants du CP et CE2*. in Rééducation orthophonique, vol 30, n°172.

MAGNAN (A.) (1993) *Le traitement de l'information ordinale: une étape nécessaire de l'apprentissage de la lecture*. in L'année psychologique, n°93.

MAGNAN (A.) et COLE (P.) (1992) *Les modèles d'apprentissage de la lecture: évolution et perspectives*. in Rééducation orthophonique, 30, n° 169.

MARCHAL (C.) (1993) *Du dessin à l'écriture*. in Rééducation orthophonique – vol 31, n°174.

MARINOLLI-LÉON (D.) (1993) *Orthophonie et ateliers d'écriture*. in Rééducation orthophonique – vol 31, n°174.

MAROUBY-TERRIOU (G.) (1995) *Structure phonologique et traitement du langage écrit*. in Glossa, numéros 46-47, p.18-29.

MELJAC (Cl.) (1990) *Quatre ans de recherche avec les non-lecteurs. Premiers résultats, premiers bilans*. in Rééducation orthophonique, vol. 28.

METELLUS (J.) (1987) *La compréhension*. in Rééducation orthophonique, vol.25, n°151.

MICHELSSON (K.) (1985) *Détecter le M.B.D., un avantage ou un inconvénient?*, in Séminaires de médecine scolaire, fascicule CX.

MILLET (A.) (1992) *Oral / écrit zones de perméabilité*. in Lidil – n°7.

MOOR (L.) (1965) *L'écriture de l'enfant, sa physiologie et ses troubles*. in Revue médicale de France, pp 2-6.

MORTON (J.) (1988) *Le lexique interne*. in La recherche – vol 14, n°143.

MOUSTY (Ph.) (1995) *Illustration d'une démarche cognitive dans l'évaluation diagnostique des troubles de la lecture et de l'écriture*. in Glossa, n°46-47, p.82-91.

MUCCHIELLI-BOURCIER (1982) *Les bases vécues du langage écrit*. in Rééducation orthophonique – vol 20 n°124.

O'HAYON (V.) et CAMPOLINI (Cl.) (1994) *Il y a lire et l-i-r-e*, in Le Langage et l'Homme, vol. XXIX, n°1, De Boeck.

PETREQUIN (F.) (1985) *Portrait chinois de l'orthographe*. in Pratique des mots – n°151.

PHILIPPART DE FOY (D.) (1988) *Approche thérapeutique particulière d'un enfant dyslexique.*, in Neuropsychiatrie de l'enfance et de l'adolescence, n°3.

PIERART (B.) (1995) *Les troubles du développement de la lecture et de l'orthographe sont-ils spécifiques?* in Glossa, n° 46-47.

POULIQUEN (M-Y.) (1991) *Stéphane, l'enfant qui avait «un blocage sur l'écriture»... un cheminement... un deuil.* in Pratique des mots, n°74, pp 2-8

ROUCHY (S.) (1986*) Rééducation orthophonique et écriture.* in Rééducation orthophonique, Vol.24, n°147, pp 87-90

SAADA-ROBERT (M.), CHANGKAKOTI (N.) et RIEBEN (L.) (1994) *L'acquisition de la lecture peut-elle se faire par l'utilisation exclusive de stratégies non alphabétiques d'identification de mots?* in Paroles d'or, numéro 15.

SEGUI (J.) (1991) *La perception du langage parlé et écrit.* in Glossa, n°25.

SEGUI (J.) (1995) *Le rôle des codes phonologiques dans la perception et la production de mots.* in Glossa, n°46 et 47.

SERON (M.) (1987) *Réflexion sur l'acte d'écriture.* in Le Langage et l'Homme – n° 22.

SERON (M.) (1994) *Lire et écrire, deux actes conjoints qui se rejoignent dans l'échange.* in Pratique des mots.

SIEGRIST (F.) (1991) *Réflexion sur le rôle de la correspondance phonographique dans l'acquisition de l'orthographe.* in Paroles d'or – n°8.

SPRENGER-CHAROLLES (L.) et KHOMSI (A.) (1988) *Le rôle du contexte dans la lecture: comparaisons entre lecteurs plus ou moins compétents.* in Langue française, vol.80.

SPRENGER-CHAROLLES (L.), LACERT (Ph.) et BECHENNEC (D.) (1995) *La médiation phonologique: au cœur de l'acquisition et des difficultés de lecture/écriture.* in Glossa, numéro 49. p.4-16.

VANDERLINDEN (M.) et GAUTHIER (J-M.) (1986) *M.B.D., l'invention d'une maladie.* in Perspectives n°7.

VAN GRUNDERBEECK (N.) (1988) *Les stratégies du lecteur débutant.* in Voies livres, n°11.

VELLUTINO (F.) (1970) *La dyslexie.* in Pour la science.

WILLEMS (G.) (1977) *Sémiologie du D.C.M. associé aux troubles de l'apprentissage.* in Séminaires de la médecine scolaire, 59.

Dictionnaires

AIMARD (G.), ALLARD (C.), ANDRÉ (M.) et COLL. (1994) *Dictionnaire de médecine.* Flammarion.

BACH (1975) *Dictionnaire de médecine.* Flammarion.

DUBOIS (J.) (1973) *Dictionnaire de linguistique.* Librairie Larousse.

DOMART (A.) et BOURNEUF (J.) (1972) *Larousse de la médecine. Santé-hygiène, Tomes I,II et III.*

GARNIER-DELMARE (1986) *Dictionnaire des termes de médecine.* Maloine.

MOUNIN (G.) (1974) *Dictionnaire de la linguistique.* P.U.F.

PHELIZON (J.F.) (1976) *Vocabulaire de la linguistique.* Roudil.

ROBERT (P.) (1991) *LE Petit Robert, Dictionnaire alphabétique et analogique de la langue française.*

SILLAMY (N.) (1980) *Dictionnaire encyclopédique de la psychologie.* Bordas.

Ouvrages inédits

ADRIAENSSEN (O.)(1993) *Etude comparative des différentes stratégies de lecture et d'orthographe à l'école primaire.* Mémoire ILMH.

BEHETS (N.) (1991*) Etude du développement des stratégies de lecture et d'orthographe à l'école primaire.* Mémoire ILMH.

BONNAVE (N.) *Evolution et comparaison des performances en lecture et en orthographe en enseignement de type 8.* Mémoire ILMH, s.d.

CAMPOLINI (C.) (1993*) Etude du langage écrit.* Cours inédit, ILMH.

CARBONNELLE (A.) et DECAMP (S.) (1994) *Etude de tests de lecture et d'orthographe utilisant les variables psycho-linguistiques.* Mémoire ILMH.

CATTELAIN (D.) (1995) *Mémoire de terminologie: développement normal de l'orthographe.* ILMH.

CRUCIFIX (R.) (1990) *Entraînement à l'analyse segmentale de la parole chez l'enfant pré-lecteur. Etude du lien entre les performances à cette tâche et les capacités en lecture en primaire.* Mémoire ILMH.

ENGELS (T.) (1994) *Mémoire de terminologie: l'orthographe.* Mémoire ILMH.

FLEIS (W.) (1992) *Phonétique descriptive et expérimentale.* Cours inédit, ILMH.

FRAUENKRON (A.) (1995) *Recherche d'un lien entre le comptage, la mémoire et la vitesse articulatoire chez des enfants fréquentant un enseignement de type 8.* Mémoire ILMH.

GHYSELINCKX (A.) (1992) *Psychologie génétique.* Cours inédit, ILMH.

HALLEZ (M.) (1994) *Tests graphomoteurs et graphométriques.* Cours inédit, ILMH.

HENRARD (D.) (1996*) Mémoire de terminologie: développement normal de la lecture.* ILMH.

HUBIN (H.) (1993) *Rééducation des troubles de la lecture et de l'orthographe.* Cours inédit ILMH, 2ème logopédie.

HUBIN (H.) (1994) *Diagnostic et traitement des troubles du langage écrit.* Cours inédit ILMH.

KINOO-DEDONDER (N.) (1995) *Psycholinguistique.* Cours inédit, ILMH.

LAUWERS (C.) (1994) *Rééducation des troubles de la lecture et de l'orthographe.* Cours inédit, ILMH, 3ème logopédie.

PTSCHELNIKOFF (P.) (1990) *Approche des mécanismes d'identification des mots écrits chez des enfants présentant un retard de lecture.* Mémoire ILMH.

ROLAND (A.) (1993) *Contribution à l'élaboration d'un dictionnaire terminologique en logopédie: Ecriture-Graphisme.* Mémoire inédit, ILMH.

SERON (M.) (1992) *Eléments de linguistique.* Cours inédit, ILMH,1ère logopédie.

SERON (M.) (1993) *Eléments de linguistique.* Cours inédit, ILMH,2 ème logopédie.

WILLAIME (A.) (1993) *Contribution à l'élaboration d'un dictionnaire terminologique en logopédie. La lecture.* Mémoire ILMH.

Tests

MOUSTY (Ph.), LEYBAERT (J.), ALÉGRIA (J.), CONTENT (A.) et MORAIS (J.) (1994) *Batterie d'évaluation du langage écrit et de ses troubles.* Laboratoire de Psychologie expérimentale, Université libre de Bruxelles.

Index des termes définis

BIBLIOTHÈQUE DES CILL (BCILL)

BCILL 1: **JUCQUOIS G.**, *La reconstruction linguistique. Application à l'indo-européen*, 267 pp., 1976 (réédition de CD 2). Prix: 670,- FB.
A l'aide d'exemples repris principalement aux langues indo-européennes, ce travail vise à mettre en évidence les caractères spécifiques ou non des langues reconstruites: universaux, théorie de la racine, reconstruction lexicale et motivation.

BCILL 2-3: **JUCQUOIS G.**, *Introduction à la linguistique différentielle, I + II*, 313 pp., 1976 (réédition de CD 8-9) (épuisé).

BCILL 4: *Löwen und Sprachtiger. Actes du 8ᵉ colloque de Linguistique* (Louvain, septembre 1973), **éd. KERN R.**, 584 pp., 1976. Prix: 1.500,- FB.
La quarantaine de communications ici rassemblées donne un panorama complet des principales tendances de la linguistique actuelle.

BCILL 5: *Language in Sociology*, **éd. VERDOODT A. et KJOLSETH Rn**, 304 pp., 1976. Prix: 760,- FB.
From the 153 sociolinguistics papers presented at the 8th World Congress of Sociology, the editors selected 10 representative contributions about language and education, industrialization, ethnicity, politics, religion, and speech act theory.

BCILL 6: **HANART M.**, *Les littératures dialectales de la Belgique romane: Guide bibliographique*, 96 pp., 1976 (2ᵉ tirage, corrigé de CD 12). Prix: 340,- FB.
En ce moment où les littératures connexes suscitent un regain d'intérêt indéniable, ce livre rassemble une somme d'informations sur les productions littéraires wallonnes, mais aussi picardes et lorraines. Y sont également considérés des domaines annexes comme la linguistique dialectale et l'ethnographie.

BCILL 7: *Hethitica II*, **éd. JUCQUOIS G. et LEBRUN R.**, avec la collaboration de DEVLAMMINCK B., II-159 pp., 1977, Prix: 480,- FB.
Cinq ans après *Hethitica I* publié à la Faculté de Philosophie et Lettres de l'Université de Louvain, quelques hittitologues belges et étrangers fournissent une dizaine de contributions dans les domaines de la linguistique anatolienne et des cultures qui s'y rattachent.

BCILL 8: **JUCQUOIS G. et DEVLAMMINCK B.**, *Complèments aux dictionnaires étymologiques du grec. Tome I: A-K*, II-121 pp., 1977. Prix: 380,- FB.
Le *Dictionnaire étymologique de la langue grecque* du regretté CHANTRAINE P. est déjà devenu, avant la fin de sa parution, un classique indispensable pour les hellénistes. Il a fait l'objet de nombreux compres rendus, dont il a semblé intéressant de regrouper l'essentiel en un volume. C'est le but que poursuivent ces *Compléments aux dictionnaires étymologiques du grec*.

142

BCILL 9: **DEVLAMMINCK B. et JUCQUOIS G.**, *Compléments aux diction-naires étymologiques du gothique*. Tome I: A-F, II-123 pp., 1977. Prix: 380, FB.
Le principal dictionnaire étymologique du gothique, celui de Feist, date dans ses dernières éditions de près de 40 ans. En attendant une refonte de l'œuvre qui incorporerait les données récentes, ces compléments donnent l'essentiel de la littérature publiée sur ce sujet.

BCILL 10: **VERDOODT A.**, *Les problèmes des groupes linguistiques en Bel-gique: Introduction à la bibliographie et guide pour la recherche*, 235 pp., 1977 (réédition de CD 1). Prix: 590,- FB.
Un «trend-report» de 2.000 livres et articles relatifs aux problèmes socio-lin-guistiques belges. L'auteur, qui a obtenu l'aide de nombreux spécialistes, a notamment dépouillé les catalogues par matière des bibliothèques universitaires, les principales revues belges et les périodiques sociologiques et linguistiques de classe internationale.

BCILL 11: **RAISON J. et POPE M.**, *Index transnuméré du linéraire A*, 333 pp., 1977. Prix: 840,- FB.
Cet ouvrage est la suite, antérieurement promise, de RAISON-POPE, Index du linéaire A, Rome 1971. A l'introduction près (et aux dessins des «mots»), il en reprend entièrement le contenu et constitue de ce fait une édition nouvelle, cor-rigée sur les originaux en 1974-76 et augmentée des textes récemment publiés d'Arkhanès, Knossos, La Canée, Zakro, etc., également autopsiés et rephotogra-phiés par les auteurs.

BCILL 12: **BAL W. et GERMAIN J.**, *Guide bibliographique de linguistique romane*, VI-267 pp., 1978. Prix 685,- FB., ISBN 2-87077-097-9, 1982, ISBN 2-8017-099-1.
Conçu principalement en fonction de l'enseignement, cet ouvrage, sélectif, non exhaustif, tâche d'être à jour pour les travaux importants jusqu'à la fin de 1977. La bibliographie de linguistique romane proprement dite s'y trouve complétée par un bref aperçu de bibliographie générale et par une introduction bibliogra-phique à la linguistique générale.

BCILL 13: **ALMEIDA I.**, *L'opérativité sémantique des récits-paraboles. Sémiotique narrative et textuelle. Herméneutique du discours religieux*. Préface de JeanLADRIÈRE, XIII-484 pp., 1978. Prix: 1.250,- FB.
Prenant comme champ d'application une analyse sémiotique fouillée des récitsparaboles de l'Évangile de Marc, ce volume débouche sur une réflexion herméneutique concernant le monde religieux de ces récits. Il se fonde sur une investigation épistémologique contrôlant les démarches sui-vies et situant la sémiotique au sein de la question générale du sens et de la comprehension.

BCILL 14: *Études Minoennes I: le linéaire A*, **éd. Y. DUHOUX**, 191 pp., 1978. Prix: 480,- FB.
Trois questions relatives à l'une des plus anciennes écritures d'Europe sont traitées dans ce recueil; évolution passée et état présent des recherches; analyse

linguistique de la langue du linéaire A; lecture phonétique de toutes les séquences de signes éditées à ce jour.

BCILL 15: *Hethitica III*, 165 pp., 1979. Prix: 490,- FB.
Ce volume rassemble quatre études consacrées à la titulature royal hittite, la femme dans la société hittite, l'onomastique lycienne et gréco-asianique, les rituels CTH 472 contre une impureté.

BCILL 16: **GODIN P.**, *Aspecten van de woordvolgorde in het Nederlands. Een syntaktische, semantische en functionele benadering*, VI + 338 pp., 1980. Prix: 1.000,- FB., ISBN 2-87077-241-6.
In dit werk wordt de stelling verdedigd dat de woordvolgorde in het Nederlands beregeld wordt door drie hoofdfaktoren, nl. de syntaxis (in de engere betekenis van dat woord), de semantiek (in de zin van distributie van de dieptekasussen in de oppervlaktestruktuur) en het zgn. functionele zinsperspektief (d.i. de distributie van de constituenten naargelang van hun graad van communicatief dynamisme).

BCILL 17: **BOHL S.**, *Ausdrucksmittel für ein Besitzverhältnis im Vedischen und griechischen*, III + 108 pp., 1980. Prix: 360,- FB., ISBN 2-87077-170-3.
This study examines the linguistic means used for expressing possession in Vedic Indian and Homeric Greek. The comparison, based on a select corpus of texts, reveals that these languages use essentially inherited devices but with differing frequency ratios, in addition Greek has developed a verb "to have", the result of a different rhythm in cultural development.

BCILL 18: **RAISON J. et POPE M.**, *Corpus transnuméré du linéaire A*, 350 pp., 1980. Prix: 1.100,- FB.
Cet ouvrage est, d'une part, la clé à l'Index transnuméré du linéaire A des mêmes auteurs, BCILL 11: de l'autre, il ajoute aux recueils d'inscriptions déjà publiés de plusieurs côtés des compléments indispensables; descriptions, transnumérations, apparat critique, localisation précise et chronologie détaillée des textes, nouveautés diverses, etc.

BCILL 19: **FRANCARD M.**, *Le parler de Tenneville. Introduction à l'étude linguistique des parlers wallo-lorrains*, 312 pp., 1981. Prix: 780,- FB., ISBN 2-87077-000-6.
Dialectologues, romanistes et linguistes tireront profit de cette étude qui leur fournit une riche documentation sur le domaine wallo-lorrain, un aperçu général de la segmentation dialectale en Wallonie, et de nouveaux matériaux pour l'étude du changement linguistique dans le domaine gallo-roman. Ce livre intéressera aussi tous ceux qui sont attachés au patrimoine culturel du Luxembourg belge en particulier, et de la Wallonie en général.

BCILL 20: **DESCAMPS A. et al.**, *Genèse et structure d'un texte du Nouveau Testament. Étude interdisciplinaire du chapitre 11 de l'Évangile de Jean*, 292 pp., 1981. Prix: 895,- FB.
Comment se pose le problème de l'intégration des multiples approches d'un texte biblique? Comment articuler les unes aux autres les perspectives développées par

l'exégèse historicocritique et les approches structuralistes? C'est à ces questions que tentent de répondre les auteurs à partir de l'étude du récit de la résurrection de Lazare. Ce volume a paru simultanément dans la collection «Lectio divina» sous le n° 104, au Cerf à Paris, ISBN 2-204-01658-6.

BCILL 21: *Hethitica IV*, 155 pp., 1981. Prix: 390,- FB., ISBN 2-87077-026. Six contributions d'E. Laroche, F. Bader, H. Gonnet, R. Lebrun et P. Crepon sur: les noms des Hittites; hitt. *zinna-*; un geste du roi hittite lors des affaires agraires; vœux de la reine à Istar de Lawazantiya; pauvres et démunis dans la société hittite; le thème du cerf dans l'iconographie anatolienne.

BCILL 22: **J.-J. GAZIAUX,** *L'élevage des bovidés à Jauchelette en roman pays de Brabant. Étude dialectologique et ethnographique*, XVIII + 372 pp., 1 encart, 45 illustr., 1982. Prix: 1.170,- FB., ISBN 2-87077-137-1.
Tout en proposant une étude ethnographique particulièrement fouillée des divers aspects de l'élevage des bovidés, avec une grande sensibilité au facteur humain, cet ouvrage recueille le vocabulaire wallon des paysans d'un petit village de l'est du Brabant, contrée peu explorée jusqu'à présent sur le plan dialectal.

BCILL 23: *Hethitica V*, 131 pp., 1983. Prix: 330,- FB., ISBN 2-87077-155-X. Onze articles de H. Berman, M. Forlanini, H. Gonnet, R. Haase, E. Laroche, R. Lebrun, S. de Martino, L.M. Mascheroni, H. Nowicki, K. Shields.

BCILL 24: **L. BEHEYDT,** *Kindertaalonderzoek. Een methodologisch handboek*, 252 pp., 1983. Prix: 620,- FB., ISBN 2-87077-171-1.
Dit werk begint met een overzicht van de trends in het kindertaalonderzoek. Er wordt vooral aandacht besteed aan de methodes die gebruikt worden om de taalontwikkeling te onderzoeken en te bestuderen. Het biedt een gedetailleerd analyserooster voor het onderzoek van de receptieve en de produktieve taalwaardigheid zowel door middel van tests als door middel van bandopnamen. Zowel onderzoek van de woordenschat als onderzoek van de grammatica komen uitvoerig aan bod.

BCILL 25: **J.-P. SONNET,** *La parole consacrée. Théorie des actes de langage, linguistique de l'énonciation et parole de la foi*, VI-197 pp., 1984. Prix: 520,- FB. ISBN 2-87077-239-4.
D'où vient que la parole de la foi ait une telle force? Ce volume tente de répondre à cette question en décrivant la «parole consacrée», en cernant la puissance spirituelle et en définissant la relation qu'elle instaure entre l'homme qui la prononce et le Dieu dont il parle.

BCILL 26: **A. MORPURGO DAVIES - Y. DUHOUX (ed.),** *Linear B: A 1984 Survey, Proceedings of the Mycenaean Colloquium of the VIIIth Congress of the International Federation of the Societies of Classical Studies (Dublin, 27 August-1st September 1984)*, 310 pp., 1985. Price: 850 FB., ISBN 2-87077-289-0.
Six papers by well known Mycenaean specialists examine the results of Linear B studies more than 30 years after the decipherment of script. Writing, language,

religion and economy are all considered with constant reference to the Greek evidence of the First Millennium B.C. Two additional articles introduce a discussion of archaeological data which bear on the study of Mycenaean religion.

BCILL 27: *Hethitica VI*, 204 pp., 1985. Prix: 550 FB. ISBN 2-87077-290-4.
Dix articles de J. Boley, M. Forlanini, H. Gonnet, E. Laroche, R. Lebrun, E. Neu, M. Paroussis, M. Poetto, W.R. Schmalstieg, P. Swiggers.

BCILL 28: **R. DASCOTTE**, *Trois suppléments au dictionnaire du wallon du Centre*, 359 pp., 1 encart, 1985. Prix: 950 FB. ISBN 2-87077-303-X.
Ce travail comprend 5.200 termes qui apportent un complément substantiel au *Dictionnaire du wallon du Centre* (8.100 termes). Il est le fruit de 25 ans d'enquête sur le terrain et du dépouillement de nombreux travaux dont la plupart sont inédits, tels des mémoires universitaires. Nul doute que ces *Trois suppléments au dictionnaire du wallon du Centre* intéresseront le spécialiste et l'amateur.

BCILL 29: **B. HENRY**, *Les enfants d'immigrés italiens en Belgique francophone, Seconde génération et comportement linguistique*, 360 pp., 1985. Prix: 950 FB. ISBN 2-87077-306-4.
L'ouvrage se veut un constat de la situation linguistique de la seconde génération immigrée italienne en Belgique francophone en 1976. Il est basé sur une étude statistique du comportement linguistique de 333 jeunes issus de milieux immigrés socio-économiques modestes. Des chiffres préoccupants qui parlent et qui donnent à réfléchir...

BCILL 30: **H. VAN HOOF**, *Petite histoire de la traduction en Occident*, 105 pp., 1986. Prix: 380 FB. ISBN 2-87077-343-9.
L'histoire de notre civilisation occidentale vue par la lorgnette de la traduction. De l'Antiquité à nos jours, le rôle de la traduction dans la transmission du patrimoine gréco-latin, dans la christianisation et la Réforme, dans le façonnage des langues, dans le développement des littératures, dans la diffusion des idées et du savoir. De la traduction orale des premiers temps à la traduction automatique moderne, un voyage fascinant.

BCILL 31: **G. JUCQUOIS**, *De l'egocentrisme à l'ethnocentrisme*, 421 pp., 1986. Prix: 1.100 FB. ISBN 2-87077-352-8.
La rencontre de l'Autre est au centre des préoccupations comparatistes. Elle constitue toujours un événement qui suscite une interpellation du sujet: les manières d'être, d'agir et de penser de l'Autre sont autant de questions sur nos propres attitudes.

BCILL 32: **G. JUCQUOIS**, *Analyse du langage et perception culturelle du changement*, 240 p., 1986. Prix: 640 FB. ISBN 2-87077-353-6.
La communication suppose la mise en jeu de différences dans un système perçu comme permanent. La perception du changement est liée aux données culturelles: le concept de différentiel, issu très lentement des mathématiques, peut être appliquée aux sciences du vivant et aux sciences de l'homme.

146

BCILL 33-35: **L. DUBOIS**, *Recherches sur le dialecte arcadien*, 3 vol., 236, 324, 134 pp., 1986. Prix: 1.975 FB. ISBN 2-87077-370-6.
Cet ouvrage présente aux antiquisants et aux linguistes un corpus mis à jour des inscriptions arcadiennes ainsi qu'une description synchronique et historique du dialecte. Le commentaire des inscriptions est envisagé sous l'angle avant tout philologique; l'objectif de la description de ce dialecte grec est la mise en évidence de nombreux archaïsmes linguistiques.

BCILL 36: *Hethitica VII*, 267 pp., 1987. Prix: 800 FB.
Neuf articles de P. Cornil, M. Forlanini, G. Gonnet, R. Haase, G. Kellerman, R. Lebrun, K. Shields, O. Soysal, Th. Urbin Choffray.

BCILL 37: *Hethitica VIII. Acta Anatolica E. Laroche oblata*, 426 pp., 1987. Prix: 1.300 FB.
Ce volume constitue les *Actes* du Colloque anatolien de Paris (1-5 juillet 1985): articles de D. Arnaud, D. Beyer, Cl. Brixhe, A.M. et B. Dinçol, F. Echevarria, M. Forlanini, J. Freu, H. Gonnet, F. Imparati, D. Kassab, G. Kellerman, E. Laroche, R. Lebrun, C. Le Roy, A. Morpurgo Davies et J.D. Hawkins, P. Neve, D. Parayre, F. Pecchioli-Daddi, O. Pelon, M. Salvini, I. Singer, C. Watkins.

BCILL 38: **J.-J. GAZIAUX**, *Parler wallon et vie rurale au pays de Jodoigne à partir de Jauchelette*. Avant-propos de Willy Bal, 368 pp., 1987. Prix: 790 FB.
Après avoir caractérisé le parler wallon de la région de Jodoigne, l'auteur de ce livre abondamment illustré s'attache à en décrire le cadre villageois, à partir de Jauchelette. Il s'intéresse surtout à l'évolution de la population et à divers aspects de la vie quotidienne (habitat, alimentation, distractions, vie religieuse), dont il recueille le vocabulaire wallon, en alliant donc dialectologie et ethnographie.

BCILL 39: **G. SERBAT**, *Linguistique latine et Linguistique générale*, 74 pp., 1988. Prix: 280 FB. ISBN 90-6831-103-4.
Huit conférences faites dans le cadre de la Chaire Francqui, d'octobre à décembre 1987, sur: le temps; deixis et anaphore; les complétives; la relative; nominatif; génitif partitif; principes de la dérivation nominale.

BCILL 40: *Anthropo-logiques*, éd. D. Huvelle, J. Giot, R. Jongen, P. Marchal, R. Pirard (Centre interdisciplinaire de Glossologie et d'Anthropologie Clinique), 202 pp., 1988. Prix: 600 FB. ISBN 90-6831-108-5.
En un moment où l'on ne peut plus ignorer le malaise épistémologique où se trouvent les sciences de l'humain, cette série nouvelle publie des travaux situés dans une perspective anthropo-logique unifiée mais déconstruite, épistémologiquement et expérimentalement fondée. Domaines abordés dans ce premier numéro: présentation générale de l'anthropologie clinique; épistémologie; linguistique saussurienne et glossologie; méthodologie de la description de la grammaticalité langagière (syntaxe); anthropologie de la personne (l'image spéculaire).

BCILL 41: **M. FROMENT**, *Temps et dramatisations dans les récits écrits d'élèves de 5e*, 268 pp., 1988. Prix: 850 FB.

Les récits soumis à l'étude ont été analysés selon les principes d'une linguistique qui intègre la notion de circulation discursive, telle que l'a développée M. Bakhtine.

La comparaison des textes a fait apparaître que le temps était un principe différenciateur, un révélateur du type d'histoire racontée.

La réflexion sur la temporalité a également conduit à constituer une typologie des textes intermédiaire entre la langue et la diversité des productions, en fonction de leur homogénéité.

BCILL 42: **Y.L. ARBEITMAN** (ed.), *A Linguistic Happening in Memory of Ben Schwartz. Studies in Anatolian, Italic and Other Indo-European Languages*, 598 pp., 1988. Prix: 1800,- FB.

36 articles dédiés à la mémoire de B. Schwartz traitent de questions de linguistique anatolienne, italique et indo-européenne.

BCILL 43: *Hethitica IX*, 179 pp., 1988. Prix: 540 FB. ISBN. Cinq articles de St. DE MARTINO, J.-P. GRÉLOIS, R. LEBRUN, E. NEU, A.-M. POLVANI.

BCILL 44: **M. SEGALEN** (éd.), *Anthropologie sociale et Ethnologie de la France*, 873 pp., 1989. Prix: 2.620 FB. ISBN 90-6831-157-3 (2 vol.).

Cet ouvrage rassemble les 88 communications présentées au Colloque International «Anthropologie sociale et Ethnologie de la France» organisé en 1987 pour célébrer le cinquantième anniversaire du Musée national des Arts et Traditions populaires (Paris), une des institutions fondatrices de la discipline. Ces textes montrent le dynamisme et la diversité de l'ethnologie chez soi. Ils sont organisés autour de plusieurs thèmes: le regard sur le nouvel «Autre», la diversité des cultures et des identités, la réévaluation des thèmes classiques du symbolique, de la parenté ou du politique, et le rôle de l'ethnologue dans sa société.

BCILL 45: **J.-P. COLSON**, *Krashens monitortheorie: een experimentele studie van het Nederlands als vreemde taal. La théorie du moniteur de Krashen: une étude expérimentale du néerlandais, langue étrangère*, 226 pp., 1989. Prix: 680 FB. ISBN 90-6831-148-4.

Doel van dit onderzoek is het testen van de monitortheorie van S.D. Krashen in verband met de verwerking van het Nederlands als vreemde taal. Tevens wordt uiteengezet welke plaats deze theorie inneemt in de discussie die momenteel binnen de toegepaste taalwetenschap gaande is.

BCILL 46: *Anthropo-logiques* 2 (1989), 324 pp., 1989. Prix: 970 FB. ISBN 90-6831-156-5.

Ce numéro constitue les Actes du Colloque organisé par le CIGAC du 5 au 9 octobre 1987. Les nombreuses interventions et discussions permettent de dégager la spécificité épistémologique et méthodologique de l'anthropologie clinique: approches (théorique ou clinique) de la rationalité humaine, sur le plan du signe, de l'outil, de la personne ou de la norme.

BCILL 47: **G. JUCQUOIS**, *Le comparatisme*, t. 1: *Généalogie d'une méthode*, 206 pp., 1989. Prix: 750 FB. ISBN 90-6831-171-9.

Le comparatisme, en tant que méthode scientifique, n'apparaît qu'au XIXᵉ
siècle. En tant que manière d'aborder les problèmes, il est beaucoup plus ancien.
Depuis les premières manifestations d'un esprit comparatiste, à l'époque des
Sophistes de l'Antiquité, jusqu'aux luttes théoriques qui préparent, vers la fin du
XVIIIᵉ siècle, l'avènement d'une méthode comparative, l'histoire des mentalités
permet de préciser ce qui, dans une société, favorise l'émergence contemporaine
de cette méthode.

BCILL 48: **G. JUCQUOIS**, *La méthode comparative dans les sciences de
l'homme*, 138 pp., 1989. Prix: 560 FB. ISBN 90-6831-169-7.
La méthode comparative semble bien être spécifique aux sciences de
l'homme. En huit chapitres, reprenant les textes de conférences faites à
Namur en 1989, sont présentés les principaux moments d'une histoire du
comparatisme, les grands traits de la méthode et quelques applications interdisciplinaires.

BCILL 49: *Problems in Decipherment*, edited by **Yves DUHOUX, Thomas
G. PALAIMA and John BENNET**, 1989, 216 pp. Price: 650 BF. ISBN 90-
6831-177-8.
Five scripts of the ancient Mediterranean area are presented here. Three of them
are still undeciphered — "Pictographic" Cretan; Linear A; Cypro-Minoan.
Two papers deal with Linear B, a successfully deciphered Bronze Age script.
The last study is concerned with Etruscan.

BCILL 50: **B. JACQUINOD**, *Le double accusatif en grec d'Homère à la fin du
Vᵉ siècle avant J.-C.* (publié avec le concours du Centre National de la
Recherche Scientifique), 1989, 305 pp. Prix: 900 FB. ISBN 90-6831-194-8.
Le double accusatif est une des particularités du grec ancien: c'est dans cette
langue qu'il est le mieux représenté, et de beaucoup. Ce tour, loin d'être un
archaïsme en voie de disparition, se développe entre Homère et l'époque classique. Les types de double accusatif sont variés et chacun conduit à approfondir
un fait de linguistique générale: expression de la sphère de la personne, locu-
tion, objet interne, transitivité, causativité, etc. Un livre qui intéressera linguistes, hellénistes et comparatistes.

BCILL 51: **Michel LEJEUNE**, *Méfitis d'après les dédicaces lucaniennes de
Rossano di Vaglio*, 103 pp., 1990. Prix: 400,- FB. ISBN 90-6831-204-3.
D'après l'épigraphie, récemment venue au jour, d'un sanctuaire lucanien (-IVᵉ/-
Iᵉʳ s.), vues nouvelles sur la langue osque et sur le culte de la déesse Méfitis.

BCILL 52: *Hethitica X*, 211 pp., 1990. Prix: 680 FB. Sept articles de P. CORNIL,
M. FORLANINI, H. GONNET, J. KLINGER et E. NEU, R. LEBRUN, P. TARACHA,
J. VANSCHOONWINKEL. ISBN 90-6831-288-X.

BCILL 53: **Albert MANIET**, *Phonologie quantitative comparée du latin
ancien*, 1990, 362 pp. Prix: 1150 FB. ISBN 90-6831-225-1.
Cet ouvrage présente une statistique comparative, accompagnée de remarques
d'ordre linguistique, des éléments et des séquences phoniques figurant dans un

corpus latin de 2000 lignes, de même que dans un état plus ancien de ce corpus, reconstruit sur base de la phonétique historique des langues indo-européennes.

BCILL 54-55: **Charles de LAMBERTERIE**, *Les adjectifs grecs en -υς. Sémantique et comparaison* (publié avec le concours de l'Académie des Inscriptions et Belles-Lettres, du Centre National de la Recherche Scientifique et de la Fondation Calouste Gulbenkian), 1.035 pp., 1990. Prix: 1980 FB. ISBN tome I: 90-6831-251-0; tome II: 90-6831-252-9.
Cet ouvrage étudie une classe d'adjectifs grecs assez peu nombreuse (une quarantaine d'unités), mais remarquable par la cohérence de son fonctionnement, notamment l'aptitude à former des couples antonymiques. On y montre en outre que ces adjectifs, hérités pour la plupart, fournissent une riche matière à la recherche étymologique et jouent un rôle important dans la reconstruction du lexique indo-européen.

BCILL 56: **A. SZULMAJSTER-CELNIKIER**, *Le yidich à travers la chanson populaire. Les éléments non germaniques du yidich*, 276 pp., 22 photos, 1991. Prix: 1490 FB. ISBN 90-6831-333-9.

BCILL 57: *Anthropo-logiques 3* (1991), 204 pp., 1991. Prix: 695 FB. ISBN 90-6831-345-2.
Les textes de ce troisième numéro d'*Anthropo-logiques* ont en commun de chercher épistémologiquement à déconstruire les phénomènes pour en cerner le fondement. Ils abordent dans leur spécificité humaine le langage, l'expression numérale, la relation clinique, le corps, l'autisme et les psychoses infantiles.

BCILL 58: **G. JUCQUOIS-P. SWIGGERS** (éd.), *Le comparatisme devant le miroir*, 155 pp., 1991. Prix: 540 FB. ISBN 90-6831-363-0.
Dix articles de E. Gilissen, G.-G. Granger, C. Hagège, G. Jucquois, H.G. Moreira Freire de Morais Barroco, P. Swiggers, M. Van Overbeke.

BCILL 59: *Hethitica XI*, 136 pp., 1992. Prix: 440 FB. ISBN 90-6831-394-0.
Six articles de T.R. Bryce, S. de Martino, J. Freu, R. Lebrun, M. Mazoyer et E. Neu.

BCILL 60: **A. GOOSSE**, *Mélanges de grammaire et de lexicologie françaises*, XXVIII-450 pp., 1991. Prix: 1.600 FB. ISBN 90-6831-373-8.
Ce volume réunit un choix d'études de grammaire et de lexicologie françaises d'A. Goosse. Il est publié par ses collègues et collaborateurs à l'Université Catholique de Louvain à l'occasion de son accession à l'éméritat.

BCILL 61: **Y. DUHOUX**, *Le verbe grec ancien. Éléments de morphologie et de syntaxe historiques*, 549 pp., 1992. Prix: 1650 FB. ISBN 90-6831-387-8.
Épuisé. Voir Bcill 104.

BCILL 62: **D. da CUNHA**, *Discours rapporté et circulation de la parole*, 1992, 231 pp., Prix: 740 FB. ISBN 90-6831-401-7.

150

L'analyse pragmatique de la circulation de la parole entre un discours source, six rapporteurs et un interlocuteur montre que le discours rapporté ne peut se réduire aux styles direct, indirect et indirect libre. Par sa façon de reprendre les propos qu'il cite, chaque rapporteur privilégie une variante personnelle dans laquelle il leur prête sa voix, allant jusqu'à forger des citations pour mieux justifier son propre discours.

BCILL 63: **A. OUZOUNIAN**, *Le discours rapporté en arménien classique*, 1992, 300 pp., Prix: 990 FB. ISBN 90-6831-456-4.

BCILL 64: **B. PEETERS**, *Diachronie, Phonologie et Linguistique fonctionnelle*, 1992, 194 pp., Prix: 785 FB. ISBN 90-6831-402-5.

BCILL 65: **A. PIETTE**, *Le mode mineur de la réalité. Paradoxes et photographies en anthropologie*, 1992, 117 pp., Prix: 672 FB. ISBN 90-6831-442-4.

BCILL 66: **Ph. BLANCHET** (éd.), *Nos langues et l'unité de l'Europe. Actes des Colloques de Fleury (Normandie) et Maiano (Prouvènço)*, 1992, 113 pp., Prix: 400 FB. ISBN 90-6831-439-4.
Ce volume envisage les problèmes posés par la prise en compte de la diversité linguistique dans la constitution de l'Europe. Universitaires, enseignants, écrivains, hommes politiques, responsables de structures éducatives, économistes, animateurs d'associations de promotion des cultures régionales présentent ici un vaste panorama des langues d'Europe et de leur gestion socio-politique.

BCILL 67: *Anthropo-logiques* 4, 1992, 155 pp., Prix: 540 FB. ISBN 90-6831-464-5.
Une fois encore, l'unité du propos de ce numéro d'*Anthropo-logiques* ne tient pas tant à l'objet — bien qu'il soit relativement circonscrit: l'humain (on étudie ici la faculté de concevoir, la servitude du vouloir, la dépendance de l'infantile et la parenté) — qu'à la méthode, dont les deux caractères principaux sont justement les plus malaisés à conjoindre: une approche dialectique et analytique.

BCILL 68: **L. BEHEYDT (red.)**, *Taal en leren. Een bundel artikelen aangeboden aan prof. dr. E. Nieuwborg*, X-211 pp., 1993. Prix: 795 FB. ISBN 90-6831-476-9.
Deze bundel, die helemaal gewijd is aan toegepaste taalkunde en vreemdetalenonderwijs, bestaat uit vijf delen. Een eerste deel gaat over evaluatie in het v.t.-onderwijs. Een tweede deel betreft taalkundige analyses in functie van het v.t.-onderwijs. Een derde deel bevat contrastieve studies terwijl een vierde deel over methodiek gaat. Het laatste deel, ten slotte, is gericht op het verband taal en cultuur.

BCILL 69: **G. JUCQUOIS**, *Le comparatisme, t. 2: Émergence d'une méthode*, 208 pp., 1993. Prix: 730 FB. ISBN 90-6831-482-3, ISBN 2-87723-053-0.
Les modifications majeures qui caractérisent le passage de l'Ancien Régime à l'époque contemporaine se produisent initialement dans les sciences du vivant. Celles-ci s'élaborent, du XVIIIe au XXe siècle, par la progressive prise en

compte du changement et du mouvement. Les sciences biologiques deviendront ainsi la matrice constitutive des sciences de l'homme par le moyen d'une méthodologie, comparative pour ces dernières et génétique pour les premières.

BCILL 70: *DE VSV, Études de syntaxe latine offertes en hommage à Marius Lavency, édité par* **D. LONGRÉE,** préface de G. SERBAT, 365 pp., 1995. Prix: 1.290 FB. ISBN 90-6831-481-5, ISBN 2-87723-054-6.
Ce volume, offert en hommage à Marius Lavency, professeur émérite à l'Université Catholique de Louvain, réunit vingt-six contributions illustrant les principales tendances des recherches récentes en syntaxe latine. Partageant un objectif commun avec les travaux de Marius Lavency, ces études tendent à décrire «l'usage» des auteurs dans ses multiples aspects: emplois des cas et des tournures prépositionnelles, oppositions modales et fonctionnements des propositions subordonnées, mécanismes diaphoriques et processus de référence au sujet, structures des phrases complexes... Elles soulignent la complémentarité des descriptions syntaxiques et des recherches lexicologiques, sémantiques, pragmatiques ou stylistisques. Elles mettent à nouveau en évidence les nombreuses interactions de la linguistique latine et de la linguistique générale.

BCILL 71: **J. PEKELDER,** *Conventies en Functies. Aspecten van binominale woordgroepen in het hedendaagse Nederlands,* 245 pp., 1993. Prix: 860 FB. ISBN 90-6831-500-5.
In deze studie wordt aangetoond dat een strikt onderscheid tussen lexicale en lineaire **conventies** enerzijds en lexicale en lineaire **functies** anderzijds tot meer inzicht leidt in de verschillende rollen die syntactische en niet-syntactische functies spelen bij de interpretatie van binominale woordgroepen met *van* in het hedendaagse Nederlands.

BCILL 72: **H. VAN HOOF,** *Dictionnaire des éponymes médicaux français-anglais,* 407 pp., 1993. Prix: 1425 FB. ISBN 90-6831-510-2, ISBN 2-87723-071-6.
Les éponymes constituent un problème particulier du labyrinthe synonymique médical, phénomène dont se plaignent les médecins eux-mêmes et qui place le traducteur devant d'innombrables problèmes d'identification des équivalences. Le présent dictionnaire, précédé d'une étude typologique, s'efforce par ses quelque 20.000 entrées de résoudre la plupart de ces difficultés.

BCILL 73: **C. VIELLE - P. SWIGGERS - G. JUCQUOIS** *éds, Comparatisme, mythologies, langages en hommage à Claude Lévi-Strauss,* 454 pp., 1994. Prix: 1600 FB. ISBN 90-6831-586-2, ISBN 2-87723-130-5.
Ce volume offert à Claude Lévi-Strauss à l'occasion de ses quatre-vingt-cinq ans réunit des études mythologiques, linguistiques et/ou comparatives de Ph. Blanchet, A. Delobelle, E. Désveaux, B. Devlieger, D. Dubuisson, F. François, J.C. Gomes da Silva, J. Guiart, G. Jucquois, M. Mahmoudian, J.-Y. Maleuvre, H.B. Rosén, Cl. Sandoz, B. Sergent, P. Swiggers et C. Veille.

BCILL 74: **J. RAISON - M. POPE,** *Corpus transnuméré du linéaire A,* deuxième édition, 337 pp., 1994. Prix: 1180 FB. ISBN 90-6831-561-7, ISBN 2-87723-115-1.

152

La deuxième édition de ce *Corpus* livre le texte de tous les documents linéaire A publiés à la fin de 1993, rassemblés en un volume maniable. Elle conserve la numérotation des signes utilisée en 1980, autorisant ainsi l'utilisation aisée de toute la bibliographie antérieure. Elle joint à l'édition proprement dite de précieuses notices sur l'archéologie, le lieu précis de trouvaille, la datation, etc.

BCILL 75: *Florilegium Historiographiae Linguisticae. Études d'historiographie de la linguistique et de grammaire comparée à la mémoire de Maurice Leroy*, édité par **J. DE CLERCQ** et **P. DESMET**, 512 pp., 1994. Prix: 1800,- FB. ISBN 90-6831-578-1, ISBN 2-87723-125-9.
Vingt-neuf articles illustrent des questions d'histoire de la linguistique et de grammaire comparée en hommage à l'auteur des *Grands courants de la linguistique moderne*.

BCILL 76: *Plurilinguisme et Identité culturelle, Actes des Assises européennes pour une Éducation plurilingue (Luxembourg)*, édités par **G. DONDENLIGER** et **A. WENGLER**, 185 pp., 1994. Prix: 650,- FB. ISBN 90-6831-587-0, ISBN 2-87723-131-3.
Comment faciliter la communication entre les citoyens de toute l'Europe géographique et humaine, avec le souci de préserver, en même temps, l'indispensable pluralisme de langues et de cultures? Les textes réunis dans ce volume montrent des démarches fort diverses, souvent ajustées à une région, mais qui mériteraient certainement d'être adaptées à des situations analogues.

BCILL 77: **H. VAN HOOF**, *Petite histoire des dictionnaires*, 129 pp., 1994, 450 FB. ISBN 90-6831-630-3, ISBN 2-87723-149-6.
Les dictionnaires sont des auxiliaires tellement familiers du paysage éducatif que l'on ne songe plus guère à leurs origines. Dépositaires de la langue d'une communauté (dictionnaires unilingues), instruments de la communication entre communautés de langues différentes (dictionnaires bilingues) ou répertoires pour spécialistes des disciplines les plus variées (dictionnaires unilingues ou polyglottes), tous ont une histoire dont l'auteur retrace les étapes depuis des temps parfois très reculés jusqu'à nos jours, avec la naissance des dictionnaires électroniques.

BCILL 78: *Hethitica XII*, 85 pp., 1994. Prix: 300 FB. ISBN 90-6831-651-6, ISBN 2-87723-170-4.
Six articles de R. Haase, W. Helck, J. Klinger, R. Lebrun, K. Shields.

BCILL 79: **J. GAGNEPAIN**, *Leçons d'introduction à la théorie de la médiation*, 304 pp. Prix: 990 FB. ISBN 90-6831-621-4, ISBN 2-87723-143-7.
Ce volume reproduit les leçons données par Jean Gagnepain à l'UCL en 1993. Le modèle de l'anthropologie clinique y est exposé dans sa globalité et d'une manière particulièrement vivante. Ces leçons constituent une excellente introduction à l'ensemble des travaux médiationnistes de l'auteur.

BCILL 80: **C. TOURATIER**, *Syntaxe Latine*, LXII-754 pp. Prix: 3.900 FB. ISBN 90-6831-474-2, ISBN 2-87723-051-1.

BCILL 81: **Sv. VOGELEER** (éd.), *L'interprétation du texte et la traduction*, 178 pp., 1995. Prix: 625 FB. ISBN 90-6831-688-5, ISBN 2-87723-189-5.
Les articles réunis dans ce volume traitent de l'interprétation du texte (textes littéraires et spécialisés), envisagée dans une optique unilingue ou par rapport à la traduction, et de la description et l'enseignement de langues de domaines sémantiques restreints.

BCILL 82: **Cl. BRIXHE**, *Phonétique et phonologie du grec ancien* I. *Quelques grandes questions*, 162 pp., 1996. Prix: 640 FB. ISBN 90-6831-807-1, ISBN 2-87723-215-8.
Ce livre correspond au premier volume de ce qui devrait être, surtout pour le consonantisme, une sorte d'introduction à la phonétique et à la phonologie du grec ancien. Le recours combiné à la phonétique générale, au structuralisme classique et à la sociolinguistique permet de mettre en évidence des variations géographiques, possibles ou probables, dans le grec dit «méridional» du second millénaire et de proposer, entre autres, des solutions originales pour les grandes questions soulevées par le consonantisme du mycénien et des dialectes alphabétiques.

BCILL 83: *Anthropo-logiques* 6 (1995): *Quel «discours de la méthode» pour les Sciences humaines? Un état des lieux de l'anthropologie clinique. Actes du 3ᵉ Colloque international d'anthropologie clinique (Louvain-la-Neuve - Novembre 1993)*, IV-278 pp., 990 FB. ISBN 90-6831-821-7, ISBN 2-87723-225-5.
Dans une perspective résolument transdisciplinaire, des spécialistes s'interrogent ensemble sur la méthode clinique en sciences humaines et sur ses enjeux épistémologiques. Les textes portent sur l'esthétique poétique et plastique, les perturbations neurologiques affectant l'organisation du temps, de l'espace et des liens sociaux, les rapports entre crise sociale et crise personnelle, le sort de l'éthique et de la morale dans les névroses, l'enfance et l'épistémologie. Le volume constitue un excellent état des lieux des travaux actuels en anthropologie clinique.

BCILL 84: **D. DUBUISSON**, *Anthropologie poétique. Esquisses pour une anthropologie du texte*, IV-159 pp., 1996. Prix: 600 FB. ISBN 90-6831-830-6, ISBN 2-87723-231-X.
Afin d'éloigner le *texte* des apories et des impasses dans lesquelles le retiennent les linguistiques et les rhétoriques «analytiques», l'auteur propose de fonder sur lui une véritable *anthropologie poétique* qui, à la différence des démarches précédentes, accorde la plus grande attention à la nécessaire vocation cosmographique de la *fonction textuelle*.

BCILL 85: *Hethitica XIII*, 72 pp., Louvain-la-Neuve, Peeters, 1996. Prix: 400 FB. ISBN 90-6831-899-3.
Cinq articles de M. Forlanini, J. Freu, R. Lebrun, E. Neu.

BCILL 86: **P. LARRIVÉE** (éd.), *La structuration conceptuelle du langage*, 222 pp., Louvain-la-Neuve, Peeters, 1997. Prix: 790 FB. ISBN 90-6831-907-8.

Neuf contributions explorent le sens des concepts dans diverses langues et selon différents cadres d'analyse. Cette exploration se fonde sur le principe que l'interprétation d'une unité se fait à partir du concept qu'elle représente, selon la valeur de ses composantes, des relations qui s'établissent entre elles et en regard de ses rapports avec les autres unités de la séquence où elle s'emploie.

BCILL 87: **A. HERMANS** (éd.), *Les dictionnaires spécialisés et l'Analyse de la Valeur. Actes du Colloque organisé en avril 1995 par le Centre de Terminologie de Bruxelles (Institut Libre Marie Haps)*, 286 pp., Louvain-la-Neuve, Peeters, 1997. Prix: 990 FB. ISBN 90-6831-898-5.
S'inspirant des principes de l'Analyse de la Valeur, terminologues, terminographes et utilisateurs examinent ici les finalités et les fonctions du produit terminographique. Cet ouvrage suggère non seulement des modifications aux dictionnaires existants, mais aussi des nouveaux produits ou concepts, susceptibles d'accroître la satisfaction des besoins en terminologie.

BCILL 88: **M. LAVENCY**, *Vsvs. Grammaire latine. Description du latin classique en vue de la lecture des auteurs (deuxième édition)*, 358 pp., Louvain-la-Neuve, Peeters, 1997. Prix: 1250 FB. ISBN 90-6831-904-3.
Vous qui, pendant ou après l'Université, voulez lire et interpréter avec le meilleur profit les textes classiques latins, cet ouvrage est fait pour vous. La linguistique y est mise au service de la philologie, dans le but de fournir une description des structures grammaticales fondatrices de l'usage des auteurs latins.

BCILL 89: **M. MAHMOUDIAN**, *Le contexte en sémantique*, VIII-163 pp., Louvain-la-Neuve, Peeters, 1997. Prix: 600 FB. ISBN 90-6831-915-9.
Quel rôle joue le contexte dans la production et la perception de la signification linguistique? La démarche adoptée pour répondre à cette question est double: réexamen des modèles sémantiques et des principes qui les sous-tendent, d'une part, et de l'autre, enquêtes pour confronter les thèses avancées à des données empiriques. Au terme de cette étude, la structure sémantique apparaît comme relative et ouverte, où le contexte est tour à tour source et cible des influences sémantiques.

BCILL 90: **J.-M. ELOY**, *La constitution du Picard: une approche de la notion de langue*, IV-259 pp., Louvain-la-Neuve, Peeters, 1997. Prix: 920 FB. ISBN 90-6831-905-1.
Cet ouvrage fait le point sur le cas picard et développe une réflexion originale sur la notion de langue. À partir des théories linguistiques, de l'histoire du fait picard et d'une démarche principalement sociolinguistique, l'auteur dégage des résultats qui éclairent la question des langues régionales d'oïl, et au delà, intéressent la linguistique générale.

BCILL 91: **L. DE MEYER**, *Vers l'invention de la rhétorique. Une perspective ethno-logique sur la communication en Grèce ancienne*, 314 pp., Louvain-la-Neuve, Peeters, 1997. Prix: 1100 FB. ISBN 90-6831-942-6.
L'auteur, s'inspirant des données de l'ethnologie de la communication, tente une description généalogique des différents «niveaux de conscience» du discours qui ont précédé celui de la rhétorique proprement dite. Le passage des

«proto-rhétoriques», encore fortement liées à la «parole efficiente», à la rhétorique est analysé dans ses rapports aux nouveaux usages de l'écriture, à la crise de l'expérience démocratique athénienne et à l'avènement de la philosophie.

BCILL 92: **J. C. HERRERAS** (éd.), *L'enseignement des langues étrangères dans les pays de l'Union Européenne*, 401 pp. Louvain-la-Neuve, Peeters, 1998. Prix: 1420 FB. ISBN 90-429-0025-3.

L'Union Européenne, en choisissant de garder onze langues officielles, a fait le pari de la diversité linguistique. Mais cette option a aussi ses exigences, puisque, pour faciliter la mobilité des citoyens et assurer une meilleure intercompréhension à l'intérieur de la Communauté, l'apprentissage des langues des partenaires européens est indispensable. Le présent ouvrage essaie d'analyser dans quelle mesure la politique linguistique des pays membres contribue à atteindre ces objectifs.

BCILL 93: **C. DE SCHAETZEN** (éd.), *Terminologie et interdisciplinarité. Actes du Colloque organisé en avril 1996 par le Centre de terminologie de Bruxelles (Institut Libre Marie Haps) et l'Association internationale des Professeurs de Langues vivantes*, 184 pp., Louvain-la-Neuve, Peeters, 1997. Prix: 670 FB. ISBN 90-6831-949-3.

La terminologie des spécialistes est à la fois obstacle et vecteur de communication inderdisciplinaire. Ce volume constitue les *Actes* d'un Colloque centré sur les rapports entre terminologie et inderdisciplinarité.

BCILL 94: **A. MANIET**, *Répercussions phonologiques et morphologiques de l'évolution phonétique: le latin préclassique*, XIV-303 pp., Louvain-la-Neuve, Peeters, 1997. Prix: 1120 FB. ISBN 90-6831-951-5.

L'ouvrage vise à tester, sur le plan phonique, le principe fonctionnaliste d'économie. La démonstration se base sur la série algorithmique, quantifiée, des changements phoniques qui ont fait aboutir le système d'un corpus reconstitué au système représenté par un corpus latin préclassique, y compris les variantes morphologiques.

BCILL 95: **A. TABOURET-KELLER** (éd.), *Le nom des langues. I. Les enjeux de la nomination des langues*, 274 pp., Louvain-la-Neuve, Peeters, 1997. Prix: 960 FB. ISBN 90-6831-953-1.

Nommer une langue, loin d'être une question linguistique, relève d'enjeux qui intéressent aussi bien les institutions que les personnes et qui sont souvent contradictoires. Dans ce premier tome d'une série traitant du *nom des langues*, une dizaine d'études illustrent cette problématique en s'appliquant chacune à un cas bien particulier.

BCILL 96: **A. MEURANT**, *Les Paliques, dieux jumeaux siciliens*, 123 pp., Louvain-la-Neuve, Peeters, 1998. Prix: 490 FB. ISBN 90-429-0235-3.

Une étude détaillée du mythe et du culte de très vieilles divinités siciliennes devenues symboles de liberté et consultées pour éprouver la bonne foi. La formation de leur légende, la nature de leur gémellité et leurs relations avec les Δέλλοι y sont particulièrement analysées.

156

BCILL 97: **Y. DUHOUX** (éd.), *Langue et langues. Hommage à Albert Maniet,* 289 pp., Louvain-la-Neuve, Peeters, 1998. Prix: 1050 FB. ISBN 90-429-0576-X. Treize articles (de Y. Duhoux, É. Évrard, G. Jucquois, M. Lavency, A. Léonard, G. Maloney, P. Martin, A. Paquot, R. Patry, E.C. Polomé, É. Tiffou, K. Tuite) traitent d'indo-européen, de grec ancien, de latin, de français contemporain, de bourouchaski, de svane, et de la langue conçue comme thermomètre social.

BCILL 98: **F. BENTOLILA** (éd.), *Systèmes verbaux,* 334 pp., Louvain-la-Neuve, Peeters, 1998. Prix: 1560 FB. ISBN 90-429-0708-8.
Les quinze descriptions présentées dans cet ouvrage, toutes fondées sur les mêmes principes théoriques, fourniront des matériaux homogènes à la typologie et à la comparaison. Les auteurs ont eu le souci de dégager les unités par commutation, de distinguer unité et variante d'unité, et de répartir les déterminants en classes sur la base de l'exclusion mutuelle. À partir de leurs travaux, on perçoit mieux la spécificité des déterminants grammaticaux du verbe par rapport aux marqueurs d'opération énonciative (assertion, interrogation, injonction), aux subordonnants et aux affixes de dérivation.

BCILL 99: **Sv. VOGELEER, A. BORILLO, C. VETTERS, M. VUILLAUME** (éds), *Temps et discours,* 282 pp., Louvain-la-Neuve, Peeters, 1998. Prix: 1020 FB. ISBN 90-429-0664-2.
Les articles réunis dans ce volume explorent trois aspects des rapports entre temps et discours: la référence temporelle; la relation entre type de discours et emploi des temps verbaux; les manifestations discursives du développement du système temporel au cours de l'acquisition. Ce livre intéressera tous les linguistes qui étudient la temporalité.

BCILL 101: **H. FUGIER,** *Syntaxe malgache,* 253 pp., Louvain-la-Neuve, Peeters, 1999. Prix: 900 FB. ISBN 90-429-0710-X.
Cette *Syntaxe* décrit l'état de langue dit *malgache officiel,* sur base d'un corpus dont sont analysés en détail 450 énoncés, échelonnés du *classique ancien* à la *langue commune* actuelle. Chaque classe de constituants est définie par son utilité fonctionnelle dans la construction de la phrase. L'auteur montre comment l'énoncé grammatical se complexifie par un jeu d'applications successives où interviennent des phénomènes typologiquement remarquables (voix multiples, nom verbal avec son possesseur-agent, verbes sériés...).

BCILL 102: **Ph. BLANCHET, R. BRETON, H. SCHIFFMAN** (éd.), *Les langues régionales de France: un état des lieux à la veille du XXIᵉ siècle – The Regional Languages of France: an Inventory on the Eve of the XXIˢᵗ Century,* 202 pp., Louvain-la-Neuve, Peeters, 1999. Prix: 700 FB. ISBN 90-429-0791-6.
Des (socio)linguistes, ethnologues, géographes, juristes et responsables de l'enseignement dressent le panorama des problèmes de six langues régionales de France: alsacien, basque, breton, corse, occitan, provençal.

BCILL 103: **S. VANSÉVEREN,** *«Prodige à voir». Recherches comparatives sur l'origine casuelle de l'infinitif en grec ancien,* 192 pp., Louvain-la-Neuve, Peeters, 2000. Prix: 700 FB. ISBN 90-429-0835-1.

Étude sur l'origine casuelle de l'infinitif grec ancien, principalement en grec homérique. L'optique est comparative, morphologique, syntaxique, prosodique, mais surtout méthodologique, prenant en compte les problèmes fondamentaux de la grammaire comparée des langues indo-européennes. En plus du grec, sont examinés les faits en latin, sanskrit védique, avestique, hittite, arménien, tokharien, germanique, vieux slave, balte et celtique.

BCILL 104: **Yves DUHOUX**, *Le verbe grec ancien. Éléments de morphologie et de syntaxe historiques* (deuxième édition, revue et augmentée), Louvain-la-Neuve, Peeters, 2000, 561 pp. Prix: 1990 FB. ISBN 90-429-0837-8.
La deuxième édition de ce livre étudie la structure et l'histoire du système verbal grec ancien. Menées dans une optique structuraliste, les descriptions morphologiques et syntaxiques sont toujours associées, de manière à s'éclairer mutuellement. Une attention particulière à été consacrée à la délicate question de l'aspect verbal. Les données quantitatives ont été systématiquement traitées, grâce à un *corpus* de plus de 100.000 formes verbales s'échelonnant depuis Homère jusqu'au IVe siècle.

BCILL 105: **F. ANTOINE**, *Dictionnaire français-anglais des mots tronqués,* LX-209 pp., Louvain-la-Neuve, Peeters, 2000. Prix: 940 FB. ISBN 90-429-0839-4.
Ce dictionnaire bilingue français-anglais présente les mots tronqués ("doc" pour "docteur", etc.) du français. Il propose pour chaque terme: une traduction en anglais la plus fidèle possible du point de vue historique et stylistique; des mises en contexte propres à faire apparaître d'autres traductions; des citations qui l'illustrent; l'information lexicologique pertinente. L'ouvrage est précédé d'une étude des aspects historiques, sociologiques, morphologiques et psychologiques des mots tronqués.

BCILL 106: **F. ANTOINE**, *An English-French Dictionary of Clipped Words,* XLIV-259 pp., Louvain-la-Neuve, Peeters, 2000. Prix: 1070 FB. ISBN 90-429-0840-8.
This book is a bilingual dictionary of English clipped words ("doc" for "doctor", etc.). It offers for each headword: one or several translations into French, which aim to be as accurate as possible from the historical and stylistic point of view; examples of usage to show other possible translations; illustrative quotations; the pertinent lexicological data. The dictionary proper is preceded by an analysis of the historical, sociological, morphological and psychological aspects of clippings.

SÉRIE PÉDAGOGIQUE DE L'INSTITUT DE LINGUISTIQUE DE LOUVAIN (SPILL)

SPILL 1: **G. JUCQUOIS**, avec la Collaboration de **J. LEUSE**, *Conventions pour la présentation d'un texte scientifique*, 1978, 54 pp. (épuisé).

SPILL 2: **G. JUCQUOIS**, *Projet pour un traité de linguistique différentielle*, 1978, 67 pp. Prix: 170,- FB.Exposé succinct destiné à de régulières mises à jour de l'ensemble des projets et des travaux en cours dans une perspective différentielle au sein de l'Institut de Linguistique de Louvain.

SPILL 3: **G. JUCQUOIS**, *Additions 1978 au «Projet pour un traité de linguistique différentielle»*, 1978, 25 pp. Prix: 70,- FB.

SPILL 4: **G. JUCQUOIS**, *Paradigmes du vieux-slave*, 1979, 33 pp. (épuisé).

SPILL 5: **W. BAL - J. GERMAIN**, *Guide de linguistique*, 1979, 108 pp. Prix: 275,- FB. Destiné à tous ceux qui désirent s'initier à la linguistique moderne, ce guide joint à un exposé des notions fondamentales et des connexions interdisciplinaires de cette science une substantielle documentation bibliographique sélective, à jour, classée systématiquement et dont la consultation est encore facilitée par un index détaillé.

SPILL 6: **G. JUCQUOIS - J. LEUSE**, *Ouvrages encyclopédiques et terminologiques en sciences humaines*, 1980, 66 pp. Prix: 165,- FB.
Brochure destinée à permettre une première orientation dans le domaine des diverses sciences de l'homme. Trois sortes de travaux y sont signalés: ouvrages de terminologie, ouvrages d'introduction, et ouvrages de type encyclopédique.

SPILL 7: **D. DONNET**, *Paradigmes et résumé de grammaire sanskrite*, 64 pp., 1980. Prix: 160,- FB.
Dans cette brochure, qui sert de support à un cours d'initiation, sont envisagés: les règles du sandhi externe et interne, les paradigmes nominaux et verbaux, les principes et les classifications de la composition nominale.

SPILL 8-9: **L; DEROY**, *Padaśas. Manuel pour commencer l'étude du sanskrit même sans maître*, 2 vol., 203 + 160 pp., 2ᵉ éd., 1984. Epuisé.

SPILL 10: *Langage ordinaire et philosophie chez le second WITTGENSTEIN. Séminaire de philosophie du langage 1979-1980*, **édité par J.F. MALHERBE**, 139 pp., 1980. Prix: 350,- FB. ISBN 2-87077-014-6.
Si, comme le soutenait Wittgenstein, **la signification c'est l'usage,** c'est en étudiant l'usage d'un certain nombre de termes clés de la langue du philosophe que

160

l'on pourra, par-delà le découpage de sa pensée en aphorismes, tenter une synthèse de quelques thèmes majeurs des **investigations philosophiques.**

SPILL 11: **J.M. PIERRET,** *Phonétique du français. Notions de phonétique générale et phonétique du français,* V-245 pp. + 4 pp. hors texte, 1985. Prix: 550,- FB. ISBN 2-87077-018-9.
Ouvrage d'initiation aux principaux problèmes de la phonétique générale et de la phonétique du français. Il étudie, en outre, dans une section de phonétique historique, l'évolution des sons, du latin au français moderne.

SPILL 12: **Y. DUHOUX,** *Introduction aux dialectes grecs anciens. Problèmes et méthodes. Recueil de textes traduits,* 111 pp., 1983. Prix: 280,- FB. ISBN 2-87077-177-0.
Ce petit livre est destiné aux étudiants, professeurs de grec et lecteurs cultivés désireux de s'initier à la dialectologie grecque ancienne: description des parlers; classification dialectale; reconstitution de la préhistoire du grec. Quatorze cartes et tableaux illustrent l'exposé, qui est complété par une bibliographie succincte. La deuxième partie de l'ouvrage rassemble soixante-huit courtes inscriptions dialectales traduites et accompagnées de leur bibliographie.

SPILL 13: **G. JUCQUOIS,** *Le travail de fin d'études. Buts, méthode, présentation,* 82 pp., 1984. (épuisé).

SPILL 14: **J, VAN ROEY,** *French-English Contrastive Lexicology. An Introduction,* 145 pp., 1990. Prix: 460,- FB. ISBN 90-6831-269-3.
This textbook covers more than its title suggests. While it is essentially devoted to the comparative study of the French and English vocabularies, with special emphasis on the deceptiveness of alleged transformational equivalence, the first part of the book familiarizes the student with the basic problems of lexical semantics.

SPILL 15: **Ph. BLANCHET,** *Le provençal. Essai de description sociolinguistique et différentielle,* 224 pp., 1992. Prix: 740,- FB. ISBN 90-6831-428-9.
Ce volume propose aux spécialistes une description scientifique interdisciplinaire cherchant à être consciente de sa démarche et à tous, grand public compris, pour la première fois, un ensemble d'informations permettant de se faire une idée de ce qu'est la langue de la Provence.

SPILL 16: **T. AKAMATSU,** *Essentials of Functional Phonology,* with a Foreword by André MARTINET, XI-193 pp., 1992. Prix: 680 FB. ISBN 90-6831-413-0.
This book is intended to provide a panorama of *synchronic functional phonology* as currently practised by the author who is closely associated with André Martinet, the most distinguished leader of functional linguistics of our day. Functional phonology studies the phonic substance of languages in terms of the various functions it fulfils in the process of language communication.

SPILL 17: **C.M. FAÏK-NZUJI,** *Éléments de phonologie et de morphophonologie des langues bantu,* 163 pp., 1992. Prix: 550 FB. ISBN 90-6831-440-8.
En cinq brefs chapitres, cet ouvrage présente, de façon claire et systématique,

les notions élémentaires de la phonologie et de la morphophonologie des langues de la famille linguistique bantu. Une de ses originalités réside dans ses *Annexes et Documents*, où sont réunis quelques systèmes africains d'écriture ainsi que quelques principes concrets pour une orthographe fonctionnelle des langues bantu du Zaïre.

SPILL 18: **P. GODIN — P. OSTYN — Fr. DEGREEF**, *La pratique du néerlandais avec ou sans maître*, 368 pp., 1993. Prix: 1250 FB. ISBN 90-6831-528-5.
Cet ouvrage a pour objectif de répondre aux principales questions de grammaire et d'usage que se pose l'apprenant francophone de niveau intermédiaire et avancé. Il comprend les parties suivantes: 1. Prononciation et orthographe; 2. Morphologie; 3. Syntaxe et sémantique; 4. Usage. Il peut être utilisé aussi bien en situation d'auto-apprentissage qu'en classe grâce à une présentation de la matière particulièrement soignée d'un point de vue pédagogique: organisation modulaire, nombreux exemples, explications en français, traduction des mots moins fréquents, et «last but not least», un index très soigné.

SPILL 19: **J.-M. PIERRET**, *Phonétique historique du français et Notions de phonétique générale*. Nouvelle édition, XIII-247 pages; 4 pages hors-texte, 1994. Prix: 920 FB. ISBN 90-6831-608-7
Nouvelle édition, entièrement revue, d'un manuel destiné aux étudiants et aux lecteurs cultivés désireux de s'initier à la phonétique et à l'histoire de la prononciation du français, cet ouvrage est constitué de deux grandes parties: une initiation à la phonétique générale et un panorama de la phonétique historique du français. Il contient de nombreuses illustrations et trois index: un index analytique contenant tous les termes techniques utilisés, un index des étymons et un index des mots français cités dans la partie historique.

SPILL 20: **C. CAMPOLINI, V. VAN HÖVELL, A. VANSTEELANDT**, *Dictionnaire de Logopédie: Le développement normal du langage et sa pathologie*. XVI-138 pages; 1997. Prix: 450 FB. ISBN 90-6831-897-7.
Cet ouvrage rassemble les termes utilisés en logopédie-orthophonie pour décrire la genèse du langage et les troubles qui peuvent entraver les processus normaux de son acquisition. Première étape d'une réflexion qui cherche à construire un outil terminologique spécialement destiné aux professionnels du langage, il s'adresse également aux parents et enseignants, témoins privilégiés de l'évolution linguistique des enfants.

SPILL 21: **Fr. THYRION**, *L'écrit argumenté. Questions d'apprentissage*, 285 pp., Louvain-la-Neuve, Peeters, 1997. Prix: 995 FB. ISBN 90-6831-918-3.
Ce livre est destiné aux enseignants du secondaire et du supérieur qui ont à enseigner la tâche créative à haut degré de complexité qu'est l'écrit argumenté. Les opérations d'un apprentissage progressif et adapté au niveau des apprenants y sont passées en revue, de même que les étapes et les indices de la maîtrise du processus.

SPILL 22: **C. CAMPOLINI, V. VAN HÖVELL, A. VANSTEELANDT**, *Dictionnaire de logopédie: Les troubles logopédiques de la sphère O.R.L.*, XV-123 pages; 1998. Prix: 650 BEF. ISBN 90-429-006-7.

Ce livre est une suite logique d'un premier ouvrage et se veut une étape dans la construction d'un dictionnaire exhaustif du langage logopédique. Il aborde les domaines du dysfonctionnement tubaire, de l'orthopédie dento-faciale, de la dysphagie et dysphonies. S'il s'adresse bien sûr aux logopèdes-orthophonistes, il cherche aussi à interpeller les spécialistes de l'équipe pluridisciplinaire et susciter ainsi la rencontre de savoir-faire complémentaires.

SPILL 23: **Ph. BLANCHET,** *Introduction à la complexité de l'enseignement du français langue étrangère,* 253 pp., Louvain-la-Neuve, Peeters, 1998. Prix: 910 FB. ISBN 90-429-0234-5.
Cet ouvrage novateur propose un parcours à travers les questions fondamentales qui se posent quant à la diffusion et l'enseignement du «Français Langue Étrangère». On les examine de points de vue issus de courants scientifiques récents (interculturalité, pragmatique, sociolinguistique, sciences de l'éducation), dans une éthique pluraliste respectueuse de l'Autre, associant diversité et unité. Une bibliographie fournie étaye le propos et ouvre vers des développements ultérieurs. Ce livre s'adresse à ceux qui désirent s'initier à la didactique des langues, s'orienter vers l'enseignement et la diffusion du F.L.E., ainsi que plus largement à tous ceux que la question des langues et de culture intéresse.

SPILL 24: **J. GRAND'HENRY**, *Une grammaire arabe à l'usage des Arabes*, 154 pp., Louvain-la-Neuve, Peeters, 1999. Prix: 500 FB. ISBN 90-429-0761-4.
L'étudiant francophone qui souhaite apprendre la langue arabe dans une université européenne utilisera généralement une grammaire arabe rédigée en français par un arabisant, et il y en a d'excellentes. S'il dépasse le niveau élémentaire et veut se perfectionner par des séjours linguistiques en pays arabe, il se trouvera rapidement confronté à un problème difficile: celui de la grammaire arabe à l'usage des Arabes, la seule employée par les enseignants arabophones dans l'ensemble du monde arabe, qu'elle s'adresse à des étudiants arabophones ou non. Pour cette raison, l'auteur du présent ouvrage s'efforce depuis plusieurs années d'initier ses étudiants au vocabulaire technique de la grammaire arabe destinée aux Arabes. On aperçoit l'avantage d'une telle méthode: permettre à l'étudiant francophone d'aborder d'emblée des cours de perfectionnement de niveau supérieur en pays arabe, en ayant acquis au préalable les bases indispensables. Il s'agit ici de la traduction et des commentaires d'un manuel libanais largement utilisé dans les écoles du monde arabe.

SPILL 25: **C. CAMPOLINI, V. VAN HÖVELL, A. VANSTEELANDT**, *Dictionnaire de logopédie: Le développement du langage écrit et sa pathologie.* Louvain-la-Neuve, Peeters, 2000. Prix: 600 FB. ISBN 90-429-0862-9.
Ce troisième volet du «dictionnaire de logopédie» s'inscrit comme une suite logique des deux ouvrages qui l'ont précédé. Après avoir envisagé le langage oral, son évolution normale et les troubles qui peuvent entraver son développement, les auteurs se devaient de prolonger leur réflexion en se penchant sur le langage écrit dont le point d'encrage s'appuie sur un ensemble de bases linguistiques, préalablement intégrées.

PRINTED ON PERMANENT PAPER • IMPRIME SUR PAPIER PERMANENT • GEDRUKT OP DUURZAAM PAPIER - ISO 9706

ORIENTALISTE, KLEIN DALENSTRAAT 42, B-3020 HERENT